SORPRENDIDA POR DIOS

BETTY FREIDZON

CASA
CREACIÓN
A STRANG COMPANY

Sorprendida por Dios por Betty Freidzon
Publicado por Casa Creación
Una compañía de Strang Communications
600 Rinehart Road
Lake Mary, Florida 32746
www.casacreacion.com

Revisión y edición por María del C. Fabbri Rojas

Diseño interior por: Lillian L. McAnally

Library of Congress Control Number: 2004117886

ISBN: 0-88419-916-9

Impreso en los Estados Unidos de América

05 06 07 08 09   BP   9 8 7 6 5 4 3 2 1

Dedicatoria

Al Señor mi Dios quién me salvo con amor eterno y me dio una razón de vivir. Te amo por sobre todas las cosas de este mundo.

A mi amado esposo, el Rev. Claudio Freidzon, por su amor, su ejemplo, apoyo incondicional, y por su vida, que es para mí el regalo más precioso que Dios me ha dado.

A Daniela, mi primer hija: Sos tan especial y hermosa. Me regalaste el privilegio de aprender junto a vos la aventura de ser mamá. Has sido siempre la alegría de nuestra casa. Y a Chad, tu esposo, con quien sirves al Señor juntos en el ministerio.

A Sebastián, mi primer hijo varón, muy apuesto, y muy amado: Sos un príncipe de Dios. Tenés un corazón tan sensible y tierno. Me has llenado de orgullo y satisfacción en todos estos años. Dios tiene cosas increíblemente grandes para vos.

A Ezequiel, el Benjamín de la familia: Sos tan compañero y buen hijo. Tu sonrisa tan dulce me acompaña en cada despertar. Dios te ha dado un llamado profético y ministerial. Él te va a usar grandemente.

Agradecimientos

Quiero agradecer especialmente a mis padres Vitorio y Cele, por su continuo apoyo, oración y trabajo. Han cuidado no solo de mis hijos, sino de Claudio y de mí en estos 25 años de ministerio. Sus vidas son un ejemplo e inspiración para mí.

Al grupo de mujeres que me han acompañado, que Dios ha puesto a mi lado trabajando en todos estos años. ¡Gracias, chicas, por su fidelidad, obediencia y amor!

Al equipo pastoral de la Iglesia Rey de Reyes y sus esposas. Gracias por su dedicación, trabajo y amor incondicional. No tengo palabras para expresar mi gratitud a Dios por sus vidas.

A la Iglesia Rey de Reyes, el tesoro que Dios ha confiado en nuestras manos. Es un gran privilegio que Dios me ha dado el poder servirles.

Muy especialmente a Marcelo Doynel, Susana Pelayes, y a todos los que han colaborado para que este libro, este sueño de Dios, sea hoy una realidad.

ÍNDICE

INTRODUCCIÓN

Este libro que está en tus manos, el Señor lo escribió pacientemente y a través de los años en mi propio corazón. Es el testimonio de una mujer que ha gustado la benignidad del Señor, que ha sido sorprendida por su gran misericordia.

En los últimos años Dios me ha permitido predicar con mi esposo en muchos lugares del mundo. Muchas personas que nos ven aprecian este ministerio reconocido mundialmente, pero ignoran el proceso divino del Alfarero en la intimidad de nuestras vidas. Es como ver la frondosa copa de un árbol sin reparar en las raíces que lo sostienen. Y yo quiero hablarte de esas raíces.

Deseo hablarte de la Biblia, pero no esperes un frío estudio de las Escrituras. Quiero compartir contigo mis experiencias, mi formación caminando al lado del Maestro. El matrimonio, la sanidad del alma, el perdón, el ministerio ungido, los testimonios de provisión, la intercesión que prevalece son algunos de los temas que forman parte de este libro.

Al escribirlo me he propuesto ser absolutamente transparente. La Biblia no idealiza a sus personajes, ¿por qué lo haría yo? Quiero mostrarme tal cual soy.

Te hablaré de mis victorias, pero también de mis fracasos. Todo ha sido parte de un proceso donde la sabia mano del alfarero me fue transformando y cada etapa tuvo su razón de ser.

Y la obra de Dios aún continúa. Todavía clamo a Él: "¡Señor, cámbiame! ¡Estoy dispuesta! Quiero tener un corazón conforme al tuyo".

¿Estás dispuesto a dejarte moldear por el gran Alfarero? ¿Deseas que Él cambie tu vida entera? Si es así, deja que el Espíritu Santo trabaje contigo y te regale un nuevo corazón.

¡Él quiere hacerlo! Es la promesa del nuevo pacto.

—*Betty Freidzon*

X um

LA ESCUELA
DE DIOS

1

Era apenas una jovencita cuando ingresé al Seminario Bíblico de la Unión de las Asambleas de Dios en Argentina. Amaba a Dios y quería prepararme para servirlo con todo mi ser.

Cada mañana, los estudiantes nos reuníamos en la capilla del seminario para tener nuestro tiempo devocional. Era una hermosa oportunidad para alabar a Dios, oír la Palabra, normalmente a cargo de un pastor invitado, y compartir testimonios de la obra de Dios en nuestras vidas.

El seminario, por aquellos años, tenía un sistema de estudios donde los alumnos debíamos permanecer internados de marzo a noviembre. Esta situación complicaba seriamente la posibilidad de obtener los medios económicos para nuestra subsistencia. Era muy difícil conseguir un empleo en los pocos meses que teníamos libres y necesitábamos el dinero para pagar la cuota mensual del seminario y para nuestros gastos personales. ¡Pero allí estaba la mano del Señor respaldando a sus llamados! Y los testimonios de provisión abundante y sobrenatural se multiplicaban en nuestras reuniones matinales.

Uno a uno los alumnos pasaban al frente para compartir cómo Dios les había provisto para viajar, para pagar la cuota o para alguna otra necesidad.

Al oír estos testimonios, paradójicamente, sentía dentro de mí una pequeña frustración: "Señor, ¿será que alguna vez yo también podré levantar mi mano como mis compañeros y decir: 'Dios me proveyó milagrosamente para pagar tal cosa, o Dios usó a tal persona para pagar mis estudios este mes'?" Así oraba en silencio, casi suspirando.

> *Necesitamos las pruebas para experimentar sus milagros.*

Es que mis padres eran todo para mí, y yo era todo para ellos. Para mis padres era "la nena", la hija menor de la familia, la mimada por todos, y ellos me tenían como una princesita cubriendo todas mis necesidades. Por supuesto, los padres siempre queremos lo mejor para nuestros hijos, pero nuestro Padre celestial con su amor perfecto quiere también enseñarnos a caminar por fe. Y necesitamos las pruebas para experimentar sus milagros.

Seguramente, mientras yo le preguntaba al Señor: "¿Cuándo te voy a conocer como mi único proveedor en medio de la necesidad?", Dios me habrá mirado con ojos de amor como diciendo: "Quédate tranquila, Betty, ya te va a tocar". ¡Y vaya si me iba a tocar!

LA CASA DE FRANKENSTEIN

Es una tarde soleada en la ciudad, cuando ponemos por primera vez la llave en la puerta de lo que será nuestro "nidito de amor", la casa pastoral y la iglesia. Ya por fuera la casa parece una ruina, pero me aliento pensando que tal vez en su interior las cosas se vean diferentes. La luz de la calle inunda aquel lugar y frente a nuestros ojos se despliega una enorme cortina de pared a pared. ¡Una cortina de telarañas! Claudio, no sé cómo ni con qué, logra abrir camino y puedo ver lo que hay detrás... Un letrero que dice: "Clausurado". ¿Aquí dentro de mi casa un cartel que dice "clausurado"? ¡Dios mío, dónde estoy! ¡Esta parece la casa de Frankenstein...!

Allí entre telarañas, cucarachas y montones de basura, se levantaría mi hogar de recién casada y construiríamos con muchas ilusiones la Casa del Señor para comenzar nuestro ministerio pastoral. ¿Lo lograríamos?

Resultaba imposible imaginar que en plena ciudad de Buenos Aires, en un barrio residencial como Parque Chás, hubiese una casa como ésa. Sus paredes eran altísimas. Realmente eran unos viejos paredones llenos de nidos de arañas y cucarachas.

A esta casa la había comprado un misionero que, ya listo para regresar a su país, hizo la operación por teléfono. La inmobiliaria le aseguró que la propiedad contaba con todas las comodidades: "Tiene todos los servicios habituales como teléfono, gas, agua corriente..." ¡Parecía que hasta tenía mucama para recibirnos! ¿Quién iba a pensar que faltaría hasta el agua caliente? Este querido misionero quería apoyar nuestro ministerio y creyó encontrar lo que buscaba. Envió el dinero para cerrar la operación, nos dio la noticia: "Claudio, aquí se construirá la Casa del Señor". Y ¡*bye, bye*!, se tomó el primer avión de regreso. Nunca vio la casa. Nosotros quedamos como dos tortolitos recién casados con la inmensa ilusión de emprender la nueva vida matrimonial y el ministerio.

La casa no tenía lo mínimo. Todo estaba por hacer. La persona que vivía allí antes de nuestra llegada tenía serios problemas mentales y falleció un día en la calle. Sólo esta circunstancia podía explicar el estado en que se encontraba la vivienda. Este hombre cocinaba con brasas en una especie de casita hecha de madera, toda rota. Una abertura que oficiaba de puerta dejaba ver unos cuadrados de hierro y unos metales para mover el carbón. Y unos ganchos en la pared completaban el cuadro. ¡Ésa era mi cocina!

El patio de la casa era un gran terreno baldío. Allí debíamos construir el templo. Sentí lo mismo que Zorobabel cuando el Señor le mandó construir el templo en un lugar donde había un monte de escombros.

Aquí no había un único monte, ¡había muchísimos! Era un lugar repleto de enormes neumáticos (nunca pude entender cómo llegaron allí y para qué los querían), y otros montes de basura, piedras, ladrillos... ¡Con razón el Señor le dijo a Zorobabel: "No es con ejército ni con fuerza, sino con mi

Espíritu, ha dicho Jehová de los ejércitos" (Zac 4:6). Y le dio la promesa: "¿Quién eres tú, oh gran monte? Delante de Zorobabel, serás reducido a llanura; él sacará la primera piedra con aclamaciones de: Gracia, gracia a ella" (Zac 4:7).

Llegaba para mí el tiempo de ejercitar la fe. Humanamente me veía a mí misma, con mis brazos flaquitos y a Claudio, con sus manos de oficinista, tan impecables, y me preguntaba: "Señor, ¿cómo lo vamos a hacer?"

Necesitaba conocer a Jehová como mi proveedor, el que suple todas mis necesidades.

PROBADOS POR DIOS

Abraham conoció a Dios como "Jehová Jireh", como "Jehová, el proveedor", luego de atravesar la prueba más difícil de su vida.

Me refiero al hermoso relato del capítulo 22 de Génesis:

"Aconteció después de estas cosas, que probó Dios a Abraham, y le dijo: Abraham. Y él respondió: Heme aquí. Y dijo: Toma ahora tu hijo, tu único, Isaac, a quien amas, y vete a tierra de Moriah, y ofrécelo allí en holocausto sobre uno de los montes que yo te diré".

—*Génesis 22:1-2*

Abraham, el padre de la fe, el siervo y amigo de Dios, aquel que fue atento y obediente a su llamado, enfrentaba una prueba inesperada. Una demanda incomprensible para él.

Tiempo atrás, el mismo Señor, durante una noche en el desierto, lo había sacado a las puertas de su tienda para decirle: "Mira ahora los cielos, y cuenta las estrellas, si las puedes contar. Y le dijo: Así será tu descendencia. Y creyó a Jehová, y le fue contado por justicia" (Gn 15:5-6).

Esta promesa de los labios de Dios fue guardada en su corazón. A pesar de que Abraham y Sara ya eran viejos y naturalmente no podían tener hijos, él creyó en la promesa.

En una ocasión Sara se rió al considerar el asunto, porque le había cesado ya la costumbre de las mujeres, es decir, había pasado su época de fertilidad (Gn 18:10-15). Humanamente era imposible que Sara pudiera tener un hijo. Pero, ¡cuántas veces las promesas de Dios parecen ilógicas al pensamiento humano y sin embargo Dios las cumple!

Y luego vino el tiempo de la espera. Una larga espera. ¡Alrededor de veinte años! Por momentos la fe parecía flaquear, pero siguieron adelante. Y cuando Abraham tenía cien años y Sara noventa, finalmente llegó Isaac, el hijo de la promesa. El hijo tan deseado. ¡Pero ahora Dios lo pedía en sacrificio!

¿CÓMO TOMAMOS LAS PRUEBAS?

Las pruebas tienen su propósito dentro de los planes de Dios.

El enemigo nos tienta para llevarnos al pecado y sacar de nuestro interior todo lo malo, lo sucio; pero

Dios no tienta a nadie. Él nos prueba para exponer lo mejor de nuestro corazón. ¡Él confía en nosotros! Está esperando que a través de esa prueba nuestra fe sea purificada, fortalecida, acrisolada. Las pruebas nos hacen madurar. Como cristianos vamos pasando por diferentes etapas: la niñez espiritual, la adolescencia, y finalmente la madurez espiritual. ¡Y ni siquiera allí se detendrán las pruebas! Siempre queda más por aprender y el Padre celestial no te dejará hasta formar en ti la imagen de Cristo.

¿Cómo tomamos las pruebas? Abraham la tomó con obediencia. Tenía sobrados motivos para discutir con Dios. ¿Matar al hijo de la promesa? ¿El Señor pidiéndole un sacrificio humano como los falsos dioses paganos? ¡No tenía sentido! Pero Abraham escogió obedecer y confiar en Dios a pesar de todo. ¡Qué gran lección para nosotros!

Quizá no comprendes por qué Dios permite esta prueba que estás viviendo. Tal vez estás discutiendo con Dios sobre el asunto. ¡Pero confía! ¡Sé obediente a pesar de todo y guarda tu corazón del resentimiento y de la tristeza! Dios es tu refugio y Él te mostrará a su tiempo, como lo hizo con Abraham, (y también conmigo), que Él es fiel y muy misericordioso.

Antes de la provisión, Dios nos invita a pasar por el altar de la entrega, de la consagración.

El Señor permite que caminemos por etapas de desierto, por caminos de soledad, donde faltan los recursos, para que nuestra fe sea aumentada y lo conozcamos a Él con mayor profundidad. Y antes de la provisión, Dios nos invita a pasar por el altar de la entrega, de la consagración.

CONSTRUYENDO ALGO MÁS QUE UNA CASA

"Acá estamos, Claudio y yo, muy enamorados y con muchos deseos de servir al Señor. La esperanza aún está viva en nuestro corazón por más desafíos que tengamos por delante. Queremos levantar esta iglesia. ¡Queremos evangelizar este barrio de la ciudad de Buenos Aires!"

Y nos dedicamos a construir nuestra propia casa. ¡Justamente nosotros! Claudio fue tan mimado mientras era estudiante que su mamá le llevaba el desayuno a la cama. Y mis padres hacían lo mismo conmigo. No parecíamos dar el mejor perfil para ser buenos albañiles. Aún así comenzamos.

Empezamos limpiando aquel lugar. Trabajábamos de sol a sol. Luego nos juntábamos para contar las monedas que teníamos y Claudio iba a corriendo a comprar el cemento y los demás materiales para construir una cocina. "Betty, te tengo que hacer una cocina", me decía mientras hacíamos juntos la mezcla. Luego Claudio tomaba el balde con esa mezcla de cemento y arena y, como si supiera, la aplicaba con la cuchara de un golpe sobre la pared con el fin de pegar los azulejos. ¿Sabes lo que ocurría? ¡La mezcla se caía, no se adhería a la pared! Y así pasábamos horas. Yo le decía: "Mi amor, ahora te va a salir". Así fue que un azulejo quedó para acá, el otro estaba torcido hacia allá, pero al menos pude tener un lugar donde inaugurar mi cocina.

En aquel momento no lo sabíamos, pero estábamos construyendo algo más que una casa. Estábamos construyendo nuestras propias vidas. Nos encontrábamos a pleno en la escuela de Dios y él estaba poniendo cimientos en nuestros corazones para todo lo que vendría en el futuro.

En una ocasión, unos amigos de nuestra edad, veinteañeros y pastores recibidos, se ofrecieron para colocar la pileta de la cocina. Mi mamá nos había una regalado una hermosa pileta de acero inoxidable y necesitábamos colocarla. Estuvieron toda una tarde haciéndose los plomeros, pero cuando se fueron... ¡Puff! La pileta se cayó y quedó torcida.

Algunos piensan que exagero, pero en aquella época compramos una heladera usada ¡que en vez de enfriar, calentaba!

Pero hasta ese momento las pruebas no me habían robado la alabanza. Yo era feliz. Estaba recién casada, ¿qué problema había? Eso sí, cuando vinieron las arañas y las cucarachas, ya no me gustaba. Las alabanzas se me quedaban algo atragantadas. Las primeras noches dormía con un solo ojo..., pero el Señor siempre nos guardó. En verdad éramos felices. Dios nos ayudó siempre.

VESTIDA POR EL REY

Como a los quince días de llegados a la casa, mamá me trajo unas cuatro cajas repletas con mi ropa. Eran cajas muy bien embaladas, de cartón. Mi madre también se había mudado hacía poco y tenía todo muy prolijo y ordenado. Ella siempre cuidaba de que mi ropa estuviese toda almidonada, con el cuello planchado, todo impecable. "Tienes una arruguita aquí", solía decirme cuando salía. ¡Por poco no me planchaba a mí de arriba abajo! Me crió así, desde chica, con las sábanas almidonadas y los repasadores blancos como la leche. Una de las cajas contenía sólo mis vestidos de fiesta que mamá me mandó hacer con una modista. Los usaba para las reuniones, casamientos y acontecimientos en el instituto bíblico. En otra caja, estaba mi ropa de invierno. Todo lo de lana, los trajes, las faldas. Toda ropa hecha a medida con carteras, zapatos y accesorios en armonía para estar bien vestida. Y en las otras cajas estaba la ropa de verano. Como yo en la "nueva casa", no tenía placard, había dejado la ropa bien guardada en estas cajas.

¡Quién iba a imaginar que desde el techo caería un ácido corrosivo sobre las cajas y quemaría toda la ropa! ¡Este ácido penetró en las cajas y quemó todo, absolutamente todo!

"Señor, ¿qué hago ahora?" Me había quedado sólo con lo puesto.

Usaba ese único vestido durante el día, a la noche lo lavaba y a la mañana me lo volvía a poner. Nuestros recursos eran magros. Moneda que ingresaba en nuestro hogar se destinaba a la construcción del templo y lo hacíamos con alegría, con disposición del corazón. Así como Abraham, cuando Dios le pidió a su hijo, se levantó muy de mañana para obedecer y ponerse en camino; así también nosotros, aunque nuestras circunstancias eran duras, intentábamos obedecer al llamado de Dios y servirle. Tiempo después, Claudio con mucho amor me pudo comprar un vestido en una tienda de ropa barata. Era un vestido negro, de fibra. "¡Qué hermoso!", le dije. Y era tan feo... Tenía un cuello con elástico hasta el mentón con tres botoncitos y era todo derecho, sin forma, como un tubo. ¡Parecía un cura!

Me lo ponía en todos las reuniones y allí estaba Betty, vestida como un sacerdote. Yo me decía: "El Señor es mi pastor, Él me proveerá porque es el Dios de la provisión". En muchas ocasiones pude levantar mis manos y decir: "Señor, estoy feliz porque sé que estoy en tu escuela. Sé que para servirte mejor tengo que ser formada".

¿Cómo podremos sentir el dolor del otro en las pruebas, si nunca hemos sido probados? ¿Cómo conocer, por ejemplo, las maravillas y la mano del Señor, si nunca nos tocó de cerca la enfermedad y comprobamos que Él es nuestro sanador?

Así fue que cierto día teníamos con Claudio una reunión de pastores. "Señor, —le dije— ¿el vestidito negro otra vez?" Era una fiesta muy importante del Instituto Bíblico, una noche de gala y Claudio, que no iba mucho a estas reuniones, en esta ocasión quería ir. "Señor, yo soy tu hija", dije por lo bajo. Y en aquel momento alguien llegó a la casa. Era mi suegra, Beba, que siempre estaba en los detalles igual que mis padres. "Betty, —me dijo— una clienta mía de mucho dinero me dijo que sabía que tenía una nuera a la cual le podía ir esta ropa que ella compró cuando estuvo en París. Está sin uso porque a ella no le anduvo y sus hijas son gorditas; me preguntó si no te ofenderías porque quería regalártela". ¡Cómo para ofenderme estaba yo! Casi me muero de emoción. ¡Imagínate! Era un traje de seda de Francia. En ese momento la dulce voz del Señor me habló al corazón: "Betty, cuando yo te visto, lo hago mucho mejor de lo que tú puedes hacerlo".

*Es allí, en la dificultad, donde
Dios quiere hallar alabanza
en nuestros corazones.*

Estos pequeños detalles, que para muchos pueden parecer triviales, para mí significaban muchísimo. Era ver la mano de Dios en cada momento. Descubrir a Jehová Jireh, mi proveedor. Conocer al Dios de amor que contesta las oraciones de su pueblo.

TODO PARA EL SEÑOR

Cuando vemos la respuesta de Dios, nuestra fe crece. En ocasiones oraba: "Señor, ¿y hoy qué vamos a comer?" Y encontraba en mi casa una caja con leche, con verduras, con fruta. Y no sabía quién la había traído. ¡Eso era ver la mano de Dios! ¡Ser probados para ver la gloria de Dios! Es allí, en la dificultad, donde Dios quiere hallar alabanza en nuestros corazones.

En ocasiones, el enemigo quiere avergonzarnos. Quiere que perdamos el gozo y comencemos a mirar lo que nos falta. Por aquellos años, los otros pastores de la ciudad tenían de todo. Los misioneros compraban iglesias con casas pastorales, por lo que ellos sólo gastaban en amueblarlas bien, incluso compraban vajillas de porcelana y hermosas copas. Mi vajilla, por el contrario, era de plástico. Y para peor, ¡roja! Un familiar que me visitó, me dijo: "Betty, ¿en esto vamos a comer?" Hasta ese momento yo era feliz con mi vajilla. Ni me había dado cuenta de que era de plástico. Pero no cedí a la tentación de quejarme o amargarme.

A veces mi propia madre, con el amor de toda madre, me decía: "Betty, ahorra algo de dinero para ti. No lo pongas todo en la obra de Dios...". Me lo decía, claro, con la mejor intención. Yo le contestaba: "Mamá, todo lo que el Señor nos da es para Él. Cuando Dios quiera, Él me dará todo lo que tiene y estoy segura de que va a ser muy grande y precioso".

Y todo era para el Señor. No teníamos nada, pero lo teníamos todo, teníamos a Cristo.

UNA OFRENDA AGRADABLE

Debemos pasar la prueba con gozo y en obediencia. Abraham les dijo a sus criados: "Esperad aquí con el asno, y yo y el muchacho iremos hasta allí y adoraremos, y volveremos a vosotros" (Gn 22:5).

"Adoraremos". ¡Qué tremenda palabra! ¡Cuánta enseñanza encierra! Porque la verdadera adoración conlleva sacrificio, entrega. Es mostrarle a Dios que lo amamos por sobre todas las cosas.

Creo que si alguien le hubiese preguntado a Abraham, antes de que Dios le pidiese a su hijo: "Abraham, ¿en verdad amas a Dios por sobre todas las cosas?", quizás él no habría sabido que responder. Pero luego de esta terrible prueba, Abraham supo que amaba a Dios más que su propia vida y más que a nada en este mundo.

"Padre mío...He aquí el fuego y la leña; mas ¿dónde está el cordero para el holocausto?", le preguntó Isaac, con su inocencia de joven (v. 7). Y Abraham, confiando en la promesa de Dios, le contestó: "Dios se proveerá de cordero para el holocausto, hijo mío" (v. 8).

El Señor le estaba pidiendo a Abraham lo que más amaba, pero él le creía a Dios de tal manera, que pensaba: "Mi Dios es tan grande y poderoso, que puede resucitarlo de entre los muertos".

"E iban juntos" (v. 8), padre e hijo de común acuerdo rumbo al monte del sacrificio, al lugar de la adoración.

¿Habrá mejor imagen que ésta para describir el sublime sacrificio de la cruz? Isaac, dejándose atar sobre el altar. Sin oponer resistencia. Ofreciéndose obediente en sacrificio vivo, como un símbolo del Cordero de Dios que vendría a dar su vida por todos nosotros.

Entonces Abraham toma la decisión de entregarlo todo. Levantó su cuchillo y... mató a Isaac. Sí, lo mató en su corazón. No fue un simulacro: él le entregó a Dios lo que más amaba. Y el Señor, que vio su corazón, detuvo su mano para que no lo lastimara: "Entonces el ángel de Jehová le dio voces desde el cielo, y le dijo: Abraham, Abraham. Y el respondió: Heme aquí. Y dijo: No extiendas tu mano sobre el muchacho, ni le hagas nada; porque ya conozco que temes a Dios, por cuanto no me rehusaste a tu hijo, a tu único. Entonces alzó Abraham sus ojos y miró, y aquí a sus espaldas un carnero trabado en un zarzal..." (Gn 22:11-13).

Dios había provisto la ofrenda. ¡Ése es nuestro Dios! El que junto con la prueba te da la salida. Aquel que junto con la lucha, te da la victoria. Así somos formados en la escuela de Dios y conocemos cuán grande es Él.

Si estás pasando un tiempo de desierto; si las necesidades espirituales, materiales, emocionales, te pesan en el alma... es tiempo de adorar al Dios de la provisión.

Muchas veces el Señor me dijo: "Betty, ¿estás dispuesta?" Y conscientemente tuve que acudir al lugar del sacrificio, de la adoración, a entregar cosas que amaba. Porque para que venga la provisión, primero está la entrega.

Esta prueba que estás pasando
es para que veas la gloria de Dios,
para que crezcas en la fe y te
regocijes en el milagro.

La voluntad de Dios siempre es lo mejor para nuestra vida. No lo olvides. Y todas las cosas nos ayudan a bien a los que amamos al Señor. Esta prueba que estás pasando es para que veas la gloria de Dios, para que crezcas en la fe y te regocijes en el milagro. ¡Dios te ama! Y no te dejará hasta cumplir sus planes en ti. Acepta con gozo ser parte de su escuela, aunque quizás hoy enjugues alguna lágrima. Anímate a escalar el monte del sacrificio con obediencia y con alabanzas en tu boca, y conocerás al Dios que provee en abundancia. A aquel que puede sorprenderte con sus favores y misericordias. Esta sociedad necesita modelos de cristianos verdaderos, íntegros, verdaderamente consagrados. Entrega todo en el altar y ofrécele a Dios un sacrificio agradable.

Te invito a hacer esta oración:

"Señor, tú eres mi proveedor, mi sanador, mi libertador. Hoy pongo toda mi vida en el altar. ¡Hágase tu voluntad! Quiero conocerte como mi amigo más fiel, como el Dios omnipotente, como Aquel que me está formando y preparando para grandes cosas. ¡Lléname de tu Espíritu! ¡Quiero conocerte más! Es el anhelo de mi corazón. En el nombre de Jesús, amén."

EL MILAGRO DE LA MULTIPLICACIÓN

"Son los primeros años de nuestro ministerio pastoral en el barrio de Parque Chás. Nuestro templo es muy pequeño, y la congregación se compone sólo de cuatro abuelitas. Son tiempos difíciles. Sin embargo procuramos con entusiasmo que la gente se convierta a Jesús. En medio de este desierto ministerial, la llegada de Daniela y Sebastián, nuestros primeros hijos (¡tan seguiditos!), llenan de alegría nuestras vidas. Ellos le ponen ruido y dulzura al hogar. Están ajenos a cualquier problema. ¡Dios nos haga como niños! Ciertamente los estamos criando con lo mínimo. Apenas con lo indispensable. Nuestra realidad económica aún es muy dura. Mi cocina todavía no tiene piso y nos falta calefacción en la casa. Debo lavar la ropa de mis bebés con agua fría a la intemperie y mis manos están lastimadas y agrietadas. El alfarero sigue tratando con nuestras vidas".

2

En el Evangelio de Mateo, capítulo 14:13-21, el Señor sorprendió una vez más a los discípulos. "No tienen necesidad de irse; dadles vosotros de comer" (v. 16), les dijo refiriéndose a esa multitud hambrienta. "Y ellos dijeron: No tenemos aquí sino cinco panes y dos peces. Él les dijo: Traédmelos acá. Entonces mandó a la gente recostarse sobre la hierba; y tomando los cinco panes y los dos peces, y levantando los ojos al cielo, bendijo y partió y dio los panes a los discípulos, y los discípulos a la multitud. Y comieron todos y se saciaron; y recogieron lo que sobró de los pedazos, doce cestas llenas. Y los que comieron fueron como cinco mil hombres, sin contar las mujeres y los niños".

La multiplicación ocurre cuando entregamos a otros lo que recibimos del Señor. ¡El problema es que solemos pensar que no tenemos nada para dar! Miramos nuestra realidad, nuestras limitaciones y decimos: "No tenemos aquí sino cinco panes y dos peces". Pero cuando ponemos lo poco en las manos de Jesús, ¡sucede el gran milagro!

Esta verdad impactó mi vida en una conferencia para esposas de pastores en un momento muy

especial de mi vida. Me encontraba en plena
crianza de mis hijos. Daniela y Sebastián eran muy
pequeños y ambos usaban pañales y biberón.
Yo me esforzaba para cumplir con todo: hacer las
tareas del hogar, cuidar a mi esposo, servir en la
iglesia, cuidar de los niños... Y sin tener la experiencia que dan los años.

Dios me enseñó que una mujer de Dios puede
servir al Señor en la situación en que se encuentre,
sea cual fuere. Nosotras tenemos el privilegio de
bendecir a los que nos rodean ofreciéndoles las
riquezas que Dios ha puesto en nuestro corazón.

EN LAS MANOS DE JESÚS

Nuestra pequeña vida, tan rústica e imperfecta, en
las manos de Jesús se multiplica para grandes cosas.

Yo nunca voy a olvidar aquella mañana cuando,
con sólo trece años, conocí a Jesucristo como mi
Señor y Salvador. Me dirigía a la misa de la Iglesia
Católica, para cumplir con mi rutina de todos los
domingos, pero el Espíritu Santo (ahora sé que fue
Él), me llevó a golpear las puertas de una casa muy
pequeña.

Un anciano, muy amoroso, me atendió. No sabía
qué decirle. En realidad no entendía qué estaba
haciendo en ese lugar. Era el amor de Dios. Ese
amor que un día te atrajo a ti, también me estaba
alcanzando. Como dice el profeta Oseas, Dios nos
atrajo "con cuerdas de amor" (11:4).

Aquella mañana me encontraba delante de este
anciano y con mis escasos trece años no sabía qué

decirle. Pero él era un hombre de oración y supo que Dios me había llevado a su casa. Se colocó unos anteojos que le quedaban casi en la punta de la nariz y trajo un libro muy, pero muy viejo y gastado. Yo me dije: ¿Qué me va a leer ahora? Y con su Biblia en las manos, comenzó a decirme: "Jesucristo te ama... Porque de tal manera amó Dios al mundo, que ha dado a su hijo unigénito, para que todo aquel que en él cree, no se pierda, mas tenga vida eterna" (Jn 3:16).

"Es que yo conozco a Dios, alcancé a susurrar, yo iba a la iglesia, no sé que estoy haciendo acá..." Pero la luz de la verdad estaba llegando a mi vida. Este anciano me dijo: "Betty, Jesús murió en la cruz del Calvario por ti para que ya no sufras más". Esas palabras sencillas, y al mismo tiempo tan poderosas, golpearon mi corazón y ya no pude resistirlo más. Fue como si se corriera un velo delante de mis ojos.

"Betty, Jesús murió en la cruz del Calvario por ti para que ya no sufras más."

"¿Cómo es posible que ninguno me lo dijera antes? ¡Tantas veces lloré, tantas veces me arrodillé frente a esa cruz de Jesús diciendo: Pobrecito, está allí sangrando...!" El nombre de Jesús era para mí sólo un nombre. Pero en aquel momento estaba encontrando el perdón, la libertad en esas palabras que me hablaban del amor y del poder de Dios. Estaba encontrando mi salvación. A un Dios grande y todopoderoso, que cambiaría en ese mismo instante mi vida para siempre.¡Gloria a Dios! En las manos de

Jesús, mi pequeña vida jamás volvería a ser la misma.

Le doy gracias a Dios por utilizar a este anciano (el tío Nicanor), que tal vez no tenía demasiada preparación teológica o académica, pero sí la suficiente claridad para darme el mensaje que me hizo libre de muchísimos temores. Sucede que con mis trece años yo vivía atormentada por el miedo. Tenía gruesas cadenas. Los temores me asaltaban por las noches y no podía dormir. Experimentaba, como dice el Salmo 91, el terror nocturno (v. 5). Ni siquiera podía quedarme sola en la casa. Sentía espanto, oía voces, no podía estudiar...

Mi mamá, en su desesperación por encontrar solución a los problemas, había golpeado las puertas del ocultismo y eso traía a nuestra casa más y más opresión. Hoy me doy cuenta de que detrás de mis temores había espíritus inmundos que venían a nuestro hogar a causa del error y de nuestra ignorancia de la Palabra de Dios.

Me sentía sola y llena de temores. Veía la vida gris. A pesar de que tenía unos padres buenos, muy trabajadores y honestos, eso no me alcanzaba para ser feliz. Intentaba hacer el bien, pero no era suficiente para conocer a Dios. Iba a la iglesia, era religiosa, pero mis ataduras seguían sin romperse.

La Palabra del evangelio, dicha por la boca de un anciano, me hizo libre de todas mi cadenas y enfermedades. Porque a pesar de ser tan jovencita, tomaba una cantidad enorme de remedios. En realidad toda mi familia compartía esta situación. Cada integrante de la casa tenía una caja de zapatos repleta de frasquitos con medicamentos. Pero cuando conocí la paz de Jesús, y aquella noche apoyé mi cabeza en la almohada, supe que todo sería distinto. Sentí como dice el coro: "la paz como un río en mi ser". ¡El Príncipe de paz me dio la verdadera vida y rompió todas mis cadenas! El favor de la cruz me libertó. Esa preciosa sangre, que yo veía representada en imágenes y no sabía por qué se había derramado, estaba cubriendo mi vida. Ahora estaba en las manos de Jesús. Ahora le pertenecía a Él.

Y desde aquel día comencé a servirle. Rápidamente me integré en la nueva iglesia y comencé a trabajar con los jóvenes y a predicar el evangelio en los barrios más humildes del conurbano.

APROVECHANDO LAS OPORTUNIDADES

Pero cuando comenzamos el ministerio pastoral en Parque Chás, pasé por un momento de crisis. ¿Cómo podría seguir activa en el ministerio teniendo dos hijos tan pequeños, tantas ocupaciones y tantos problemas aún sin resolver?

Fue entonces cuando Dios me habló del milagro de la multiplicación. Poner "lo poco" al servicio de Dios. Y dar a los demás lo que hemos recibido.

Hasta ese momento sólo veía mis limitaciones. Mis dos bebés, mis múltiples tareas... ¿Cómo haría para ganar las almas? ¿Cómo lograría afectar a otros con la Palabra de Dios? Pero el Señor me habló: "Betty, los que vengan a ti se convertirán. No es necesario que salgas a la calle. Yo haré que vengan a ti". Y esto cambió radicalmente mi perspectiva y mi oración. ¡Aprovecharía mis oportunidades al máximo!

"Nos multiplicamos cuando damos lo que hemos recibido del Señor", me repetía en mi interior. ¡Es así de sencillo!

Tal vez estás menospreciando tus posibilidades. El enemigo ha logrado que concentres tu atención en todas las dificultades e impedimentos que tienes para servir al Señor con alegría. "Que no tengo tiempo, que no puedo, que los demás sí están sirviendo y yo no hago nada..." ¡Resiste esas mentiras! Dios puede usarte en el mismo lugar donde te encuentras. ¡Él quiere hacerlo! El diablo siempre está señalándote lo que te falta, la mitad vacía del vaso. Pero el Señor quiere abrir tus ojos para que veas las oportunidades y las aproveches.

El diablo siempre está señalándote lo que te falta, la mitad vacía del vaso. Pero el Señor quiere abrir tus ojos para que veas las oportunidades y las aproveches.

No menosprecies "tus cinco panes y dos peces", ¡en las manos de Jesús pueden alimentar a multitudes!

MI PRIMERA DISCÍPULA

Decidí poner en práctica esta verdad y comencé a pasar tiempo con una vecina llamada Alejandra, que era nueva en la iglesia. Todas las tardes venía a mi casa con su pequeña hijita a tomar el té y compartíamos la Palabra de Dios. Ella fue mi primera discípula. Mientras los niños jugaban, le compartía todo lo que el Señor me había enseñado en mi caminar con Él.

Alejandra, por la obra del Espíritu Santo, comenzó a cambiar su carácter, su forma de actuar. Cambió de tal modo que su esposo, que era carnicero y nos vendía la carne todas las semanas en el mercado, vino un día y me dijo: "¿Qué pasa Betty? Alejandra está diferente, ¿qué le hiciste?"

Yo no había hecho nada, simplemente había aprovechado la oportunidad que Dios había puesto en mis manos.

Fueron mis primeras armas en el discipulado de mujeres. Luego, con los años, Dios me daría miles de hermanas en la Iglesia Rey de Reyes que, reunidas en grupos pequeños, vivirían las mismas experiencias de Alejandra en la formación como mujeres de Dios. Con el tiempo el Señor fue ampliando aún más mi visión sobre este tema. Me mostró el real significado de "vaciarme en otras vasijas".

¡Aprovecha tus oportunidades! Entrega lo mejor de ti mismo. Valora lo que Dios pone en tus manos, lo que prepara en tu camino, y verás con asombro el milagro de la multiplicación.

¡MÁS OPORTUNIDADES!

En una ocasión llamamos un plomero a nuestra casa. ¡Finalmente tendríamos las cañerías para el agua caliente! Luego de ponerse de acuerdo con Claudio acerca del precio, vino un día y comenzó la obra.

Tú seguramente sabes lo que significa un plomero en la casa. En pocos minutos todo se llenó de una densa polvareda. El hombre parecía dispuesto a destrozar la casa entera. Con cada golpe ensordecedor volaba un pedazo de pared que con tanto esfuerzo habíamos levantado. ¡Pero yo estaba feliz! ¡Cantaba alabanzas y le daba gloria a Dios! El plomero no pudo contenerse y le preguntó a Claudio: "¿Qué tiene su esposa? No protesta, ni se enoja a pesar de tanto desorden. ¡Y siempre está sonriendo y cantando!" Mi esposo le explicó que yo tenía a Cristo en mi corazón, que ambos éramos salvos porque habíamos aceptado a Jesús como nuestro Señor y Salvador, y que eso nos había cambiado la vida. Y lo invitó a recibir al Señor en su vida. ¡Y se convirtió de todo corazón! El Señor estaba poniendo las almas en mi camino.

Valora lo que Dios pone en tus manos, lo que prepara en tu camino, y verás con asombro el milagro de la multiplicación.

Así comenzó mi ministerio en ese barrio. Luego fue la esposa del verdulero, la señora de la otra calle, la dueña de otro comercio... Pude comprobar que era posible multiplicarme volcando lo que Dios había puesto en mi corazón. Sí, aún teniendo dos hijos pequeños con pañales y biberón.

No importa en qué etapa de la vida te encuentres. Si eres soltero, si eres abuelo o abuela, si estás criando hijos adolescentes, ¡Dios quiere usarte! Quiere derramar la poderosa presencia del Espíritu Santo en tu vida y llenar tu vasija del amor de Dios para que te derrames en otros.

Si eres una mamá con hijos pequeños, tú eres el canal, el instrumento para ministrar a esos pequeñitos que mañana serán siervos de Dios, hombres y mujeres de bien. Tu ministerio como madre es prioritario y en nada te impide servir al Señor aprovechando las oportunidades que Dios pone en tu camino.

¿Quieres ver el fruto de la multiplicación? Muy simple, comienza a dar lo que recibiste del Señor. ¡Te sorprenderás de los resultados!

Te invito a hacer esta oración:

"Amado Dios, yo quiero ser un instrumento en tus manos. Estoy dispuesto a derramarme en otras vasijas sin egoísmo, con una total entrega. Ayúdame a ver las oportunidades para servirte y bendecir a otros. Me pongo en tus manos y pido tu bendición. Quiero multiplicarme en muchas almas que hoy te necesitan. ¡Úsame! Que donde haya odio, pueda poner amor. Que donde falte la paz, pueda poner bonanza y reconciliación. Que donde haya dolor y queja, pueda poner alabanza y gozo. Que tu vida y tu amor fluyan a través de mí. Te lo pido en el precioso nombre de Jesús. Amén".

UN NUEVO CORAZÓN

"Con Claudio estamos dispuestos a darle todo al Señor cada día. Trabajamos de sol a sol. Pasamos tiempos de mucha escasez, pero aprendimos a alabar a Dios en todo momento.

Pero una pregunta ha comenzado a surgir dentro de mí: "Señor, ¿qué pasa con nuestras vidas?"

3

Porque estaba bien un año, tal vez dos, o aun tres años; pero, ¿hasta cuándo duraría este desierto? Me sentía cada vez más afligida. "Padre, siempre que predicamos tu Palabra, la gente se entrega a ti, pero ¿qué pasa que hay tanta dureza? Señor, ¿qué pasa que no podemos ver tu mano, que no podemos ver el fruto?" Así oraba todo el tiempo. Hasta ese momento todo lo vivía con gozo. Cuidaba con dulzura a nuestras abuelitas. Alababa en medio de la escasez. Sabía que el Señor estaba trabajando en mi vida. Pero repentinamente, al ver el fracaso ministerial, comencé a levantarme sin el gozo del Señor y a vivir la vida de una manera opaca. ¡Nunca me había sucedido! Cuando oraba, parecía que mis oraciones no pasaban el techo de mi dormitorio. "Dios, ¿por qué? ¿Qué está sucediendo en nuestras vidas? ¿Son nuestras equivocaciones?"

"Señor, ¡no es posible! —decía yo—. Todos nuestros compañeros de seminario tienen sus iglesias, tú los usas, tienen templos hermosos, y nosotros..."

Pero lo que más me dolía no era la falta de éxito ministerial, sino mi propio vacío interior. Mi comunión con Dios se había desgastado y parecía que ya no tenía nada nuevo que ofrecerle al Señor. En aquel tiempo, cuando abría las Escrituras tenía que esforzarme para estar delante de los hermanos. A pesar de mi sonrisa y amabilidad con todos, la iglesia se había convertido en una rutina que me estaba destruyendo. Siempre odié convertirme en una profesional, pero ése era el camino que comenzaba a transitar.

"NO PUEDO CONTESTAR TU ORACIÓN"

Una tarde ya no daba más. Claudio se había ido a trabajar y mis hijitos dormían la siesta. Este fue el momento oportuno para arrodillarme una vez más y, en clamor y ruego, oré a Dios con todas las fuerzas de mi corazón. Le dije:

"Señor, ¡ya no doy más! ¡Estoy tocando fondo! ¡Señor, no sé lo que pasa conmigo! No tengo amor, estoy asustada. Señor, ni siquiera tengo amor para amar a mi esposo. Hay una voz que me tortura todo el tiempo, ¿es tu voz? ¿Será que me equivoqué en tu voluntad? ¿Será que Claudio no era el hombre para mi vida? Pero aquí hay una falla muy grande porque esto no es lo que dice tu Palabra. ¡Mi vida no refleja el poder de tu Palabra!"

Entonces vino a mí la voz del Espíritu de Dios: "Betty —me dijo— ¿quieres saber por qué te sientes así?" Yo le dije: "Sí, Señor, todo lo que quiero en este momento es escuchar tu voz". Entonces vino a mí la Palabra del Evangelio de Lucas y Marcos, cuando dice: "Y cuando estéis orando, perdonad, si tenéis algo contra alguno, para que también vuestro Padre que está en los cielos os perdone a vosotros vuestras ofensas. Porque si vosotros no perdonáis, tampoco vuestro Padre que está en los cielos os perdonará vuestras ofensas" (Mr 11:25-26).

Sencillamente, Dios me dijo: "Betty, no puedo contestar tu oración".

Imagínate. Dios era lo único que tenía. Mi única riqueza y la fuente de mi amor y de mi fuerza, y de repente, que mi Padre me diga: "No te puedo escuchar", ¡fue un shock para mí! ¡Nunca pensé que Dios me diría algo así! "Señor, ¿cómo no vas a escuchar más mis oraciones? ¿Por qué?"

"Porque hay algo en tu corazón", me dijo el Señor. Y pude comprender que algo, como una piedra, me estaba estorbando. Sin darme cuenta, en todo ese tiempo algo había herido y dañado mi corazón. Hubo situaciones que empecé a juntar y a guardar en mis emociones, de tal manera que se había formado como una piedra.

El Señor me dijo: "Betty, es necesario que perdones".

"Señor, —protesté— ¿a quién tengo que perdonar? No he hecho otra cosa que intentar agradarte; me he sacrificado, he trabajado, he dado todo para tu obra... ¡No entiendo! Háblame claramente. ¡De aquí no me voy hasta que tú me muestres...!"

Y el Señor me preguntó: "¿Estás segura de que quieres que te muestre?" Resueltamente le contesté: "¡Sí Señor, muéstrame el estado de mi corazón porque no lo conozco!"

VENIR A LA LUZ

¡Cuán profundas son las palabras de David cuando dijo: "Examíname, oh Dios, y conoce mi corazón; pruébame y conoce mis pensamientos; y ve si hay en mí camino de perversidad, y guíame en el camino eterno" (Sal 139:23-24)! Muchas veces tenemos pecados ocultos que ni siquiera alcanzamos a entender, pero el Espíritu Santo desea alumbrarlos, ponerlos de manifiesto. No quiere que vivamos engañados teniendo una idea de nosotros mismos que no responde a la realidad. En estos tiempos más que nunca se ha desatado un poderoso viento del Espíritu Santo. Está soplando desde el trono de Dios. Ninguna persona que es afectada por este viento puede permanecer como estaba. Jamás vuelve a ser la misma. Así como muchos huracanes son identificados con un nombre, este viento también lo tiene. Su nombre es: "Santidad al Señor".

> *Muchas veces tenemos pecados ocultos que ni siquiera alcanzamos a entender, pero el Espíritu Santo desea alumbrarlos, ponerlos de manifiesto.*

Este viento poderoso es el que transforma, el que santifica a los creyentes. El que levanta un pueblo con corazones limpios, con vestidos sin mancha ni arruga.

Los mismos ojos de Dios se posan sobre toda la tierra y escudriñan los corazones. Dios no busca pura teología, o intelectualismo, o personas que se crean muy dignas o importantes. Él busca corazones quebrantados, que examinen sus vidas en su presencia, que estén dispuestos a venir a la luz diciendo: "Señor, si es necesario que cambies toda mi vida, todo mi hogar, todas mis actitudes y mi ministerio... Si es necesario que rompas todo lo humano que hay en mí, ¡hazlo Señor! ¡Hazme un vaso nuevo!"

Éste fue mi clamor de aquel día: "¡Hazme una mujer nueva!" Y para mí fue tremendo. Uno piensa que ama al Señor y hace lo mejor para Él, pero inesperadamente el Espíritu Santo, como mirándome de frente, me dijo: "No apruebo tu vida, no apruebo tu corazón".

La falta de perdón, que es la amargura, se mete tan adentro de nosotros que a veces no nos damos cuenta.

Sin darme cuenta, las dificultades, las pruebas, las diferentes situaciones en el ministerio me habían afectado más de lo que podía imaginar.

El Señor comenzó a mostrarme, como en una película, personas, situaciones específicas, palabras... Momentos de mi vida conyugal en los que habíamos tenido diferencias con mi esposo y que había guardado en mi corazón, y me habían dañado. Pude ver dentro de mí la tristeza y la angustia. Pero una palabra parecía dominar la escena. Esa palabra, ese pecado, era la amargura.

SÍNTOMAS DE UN CORAZÓN AMARGADO

Antes de ordenarle al monte "quítate y échate en el mar" (Mr 11:23) y experimentar los milagros y victorias de la fe, debemos aprender la dicha del perdón (Mr 11:24-26). La falta de perdón, que es la amargura, se mete tan adentro de nosotros que a veces no nos damos cuenta. Pero podemos identificar algunos de sus síntomas:

- La tristeza y la angustia llenan nuestra vida. Parecería que nunca estuviéramos satisfechos. A menudo nos preguntamos: ¿qué pasa con mi vida?, porque no experimentamos el gozo y la vida brillante que nos da el evangelio. Todo se ve gris. Vamos a la iglesia, recibimos la unción de Dios, la Palabra, pero nuestra vida es semejante a una vasija rajada por donde se pierde la bendición. Y en realidad así es.

- Otro síntoma de un corazón herido y amargado es que el conflicto interior comienza a afectar las demás relaciones. Como dice Hebreos 12:15: "Mirad bien, no sea que alguno deje de alcanzar la gracia de Dios; que brotando alguna raíz de amargura, os estorbe, y por ella muchos sean contaminados". La falta de perdón representa un serio estorbo que debe ser removido. Además, como dice el texto, contamina el Cuerpo. Tiene efectos contagiosos, inyectando en los demás su veneno. Por otra parte, la persona herida, amargada, está propensa a resentirse y amargarse con todo aquel que roce sus heridas no sanadas.

• La persona con raíces de amargura camina espiritualmente atada a aquellos con los cuales está resentida. Aunque se mude a miles de kilómetros. Discute a solas con ellos, aunque no estén allí. No puede olvidar lo sucedido. Basta un solo recuerdo para que pierda la paz y el gozo de inmediato.

• El rencor, asimismo, puede llevar a una persona a serios pozos depresivos. A veces el sentimiento de vacío e incomprensión que queda tras una relación que terminó mal y dejó heridas, puede llevar a que las personas busquen llenar ese vacío con otras relaciones. Pero al no estar sanos, a menudo sólo logran repetir la historia.

• Finalmente, la falta de perdón trae serias consecuencias en nuestra relación con Dios. Él no puede contestar nuestras oraciones hasta que perdonemos. Y como si esto fuera poco, dice Efesios 4:26-27 que le damos lugar al diablo en nuestra vida.

ENFRENTANDO EL PROBLEMA

"¡Ésa no soy yo!, le dije al Señor mientras me mostraba lo que había dentro de mí. ¡Ése no es mi corazón!" No quería ver mi orgullo, mi autoconmiseración, mis resentimientos. Parecía que el enemigo mismo había dañado mi corazón con sus garras hasta hacerlo sangrar. Me dolía demasiado. El Señor me decía: "¡Sí, eres tú! ¿Quieres ver más? ¡Hay más todavía!" Yo estaba en un mar de lágrimas y quebrantada le decía: "Sí Señor, saca todo a la superficie, saca todo lo que quieras. ¡Por favor, dame un nuevo corazón!" Esa tarde Dios me habló profundamente sobre el perdón. Trajo a mi mente cada persona por la que yo debía dejar la ofrenda en el altar y arrepentirme (Mt 5:23).

En aquellos años no tenía un círculo de amistades con las que me encontrara asiduamente. No tenía una amiga a quien contarle mis cosas. Sentía la soledad, el menosprecio. Y lentamente el rencor, la frustración, y tantos otros sentimientos negativos, iban perforando mi corazón como afilados estiletes.

Allí de rodillas, desfilaban delante de mis ojos las personas que me habían lastimado y que Dios me llamaba a perdonar. En un momento le dije al Señor: "Yo no le hice nada a esta gente, ¡ellos me hirieron! ¡Yo fui quien recibió las agresiones! ¡Yo fui la ofendida! ¡La víctima soy yo". Pero el Señor me respondió: "La única víctima en esto fui yo. No te sientas más como una víctima. ¡Basta, porque esto ofende mi corazón!"

¿Cuántas veces nos sentimos así en el ministerio, en nuestro hogar? ¿Cuántas veces vemos la indiferencia de la gente, su agresividad, su falta de amor y comprensión, y nos sentimos como las víctimas de esa situación? Dios me enseñó que ese no debe ser mi sentir. Que Él fue quien pagó el precio en la cruz siendo puro y perfecto. Y tuve que arrepentirme. Creo que aquella tarde lloré más que en toda mi vida cristiana. Estaba decepcionada de mí misma por haberle fallado al Señor. Si alguien me hubiese dicho que iba a tener esta experiencia con Dios en aquel cuarto, no lo hubiera creído. El Espíritu Santo en persona me visitó y no podía dejar de oírlo y reconocer su voz.

"Betty, te voy a quitar
tus vestiduras viles y te voy a vestir
con mis vestiduras y con mi
justicia, con la justicia de Cristo".

Finalmente me rendí y oré: "Señor, todo lo que hice en mi vida hasta hoy no me sirvió de nada, quiero levantarme de este lugar como una nueva persona. Quiero ser la madre que estos niños necesitan tener. Quiero ser la esposa que tu siervo necesita a su lado. Quiero ser la mujer que tú quieres que yo sea. No quiero apoyarme más en mi justicia". Me di cuenta de que consideraba mis obras como las más hermosas, pero Dios tenía obras superiores para mí. Él me dijo: "Betty, te voy a quitar tus vestiduras viles y te voy a vestir con mis vestiduras y con mi justicia, con la justicia de Cristo".

UN NUEVO AMOR PARA EL MATRIMONIO

Con mucho dolor y vergüenza reconozco que muchas veces llegué a menospreciar a mi esposo en mi corazón. Nadie lo sabía, pero el Espíritu de Dios, que todo lo ve, me lo mostró claramente. Mi amor por mi esposo, por diferentes circunstancias, se había desgastado. No había más deseo ni ilusión. Yo lo miraba y no tenía esperanzas de hacer grandes cosas juntos. Lo veía tan limitado como mi propia vida.

En estas áreas Dios tuvo que tratarme a fondo. Un nuevo día se acercaba para nosotros en el matrimonio y en el ministerio. Pero antes era necesario que mi vida fuera cambiada. Que tuviera una limpieza a fondo en mi corazón, porque algo nuevo venía, pero mi situación interna era un estorbo. Sin quererlo iba a ser como la mujer necia que derriba la casa (Pr 14:1), pero Dios tuvo compasión de mí.

Dios nos ha llamado a ser amiga, compañera de nuestro esposo. Debemos entenderlo y acompañarlo en todas las cosas que le gustan.

En aquel encuentro con Dios recibí la sanidad interior que necesitaba mientras el Espíritu Santo me mostraba diferentes escrituras. Me hacía repetir oraciones de renuncia al egoísmo, a la amargura, a la autoconmiseración, y a todos los pecados y situaciones que Él me iba señalando. Los resultados de este encuentro fueron asombrosos. A los quince días Dios comenzó a cortar cadenas de maldiciones de años. ¡La miseria se fue! El Señor empezó a renovar la iglesia. Había otro ambiente en nuestros servicios. Claudio comenzaba a reunirse para orar con el evangelista Carlos Annacondia y un viento poderoso de liberación llenaba nuestra casa.

Hasta en lo material, todo lo que no habíamos tenido en años comenzaba a llegar: heladera, lavarropas, cosas imprescindibles que aún no teníamos. ¡Llovía la gracia del cielo! La gente se acercaba a la iglesia...

Pero las lecciones más preciosas las estaba recibiendo en mi corazón y tenían que ver con mi matrimonio. Claudio comenzó a ser otra persona. La unción de Dios lo cambiaba día a día y yo abría bien grandes mis ojos.

El Señor me enseñó en aquel momento: "¡No vas a abrir tu boca! Cuando tu esposo viene cansado, lo único que tienes que hacer es dejar que recueste su cabeza sobre ti. Te daré un ministerio de consolación y de amor para que él se recueste".

Es tan importante que todas las mujeres entendamos que aunque ellos son los hombres del hogar, quienes tienen la fuerza y la autoridad del Señor, cuando vienen a la casa necesitan un lugar donde recostar la cabeza. Oídos que puedan simplemente escuchar. Alguien con quien abrir su corazón.

Dios nos ha llamado a ser amiga, compañera de

nuestro esposo. Debemos entenderlo y acompañarlo en todas las cosas que le gustan. Es decir, llevar el yugo parejo, orando para tener la misma visión, para sentir lo que él siente de parte de Dios en su corazón. No digamos simplemente: "Bueno, él es el siervo de Dios, y yo me quedo aquí, tranquila". ¡No! El yugo debe ser parejo, llevando las cargas, intercediendo, orando.

Por fin entendí que mi primer y gran ministerio era cuidar de su vida. Dios me dio el privilegio de tenerlo, de que me pertenezca y yo pertenecerle a él.

En aquel glorioso encuentro Dios me dijo algo que cambiaría por completo mi visión: "Esta tarde, cuando Claudio entre por esa puerta (mi marido salía a trabajar muy temprano por la mañana y regresaba bastante tarde por la noche), vas a ver mi gloria sobre su cabeza".

Hasta ese momento yo lo había amado simplemente como al hombre que Dios puso a mi lado, pero Dios me mostraba con una nueva luz aquel pasaje de las Escrituras donde dice: "Las casadas estén sujetas a su propios maridos, como al Señor" (Ef 5:22). Y ése fue el gran secreto que descubrí aquella tarde y que aún me alumbra: "¡Como al Señor!"

En un primer momento intenté asimilar lo que Dios me mostraba. "¿Cómo es esto?, Claudio es mi marido y tú eres el Señor. Hay una diferencia grandísima. Él es el hombre con quien convivo a diario, conozco sus límites, sus defectos y virtudes. Sé todo de él. Pero Señor, tú eres Dios y él es... simplemente mi marido". Pero el Señor me dijo: "Hoy voy a cambiarte la visión y el corazón, para que veas que mi gloria está sobre él. Todo lo que hagas con este hombre, aun lo que has hecho con él, lo has hecho conmigo".

"¡Señor! —pensé— ¡cuántas veces te reté, cuántas veces te hice la comida a desgano, cuántas veces me enojé contigo...! ¡Perdóname!" Y Dios mismo se ofreció como la fuente de mi amor. Y ese nuevo amor empezó a brotar de mi corazón. Comencé a mirar a mi esposo con los ojos de Dios y a servirlo como a Cristo.

Aprendí a callarme la boca y guardar el dedito acusador, porque yo lo usaba mucho: "Eso te pasa porque sos así, y eso te hacen porque sos de tal manera. Y si hicieras las cosas como yo te digo, todo sería diferente...". El Señor le dijo a mi dedo índice: "¡Basta de ti! Cállate, porque ahora los consejos los doy yo".

En ocasiones le reprochaba a Claudio: "¿Por qué nunca me contás nada? ¿Por qué compartís tiempo con tal persona y conmigo no? ¿Por qué salís tanto de casa...?" Hoy conozco la respuesta. ¿Quién quiere volver a su casa cuando allí hay una persona que sólo quiere remarcarte los errores? ¡Y decirte además que la próxima vez lo tienes que hacer mejor! Ese pobre hombre cargado con sus problemas quiere que lo oigas con amor. Yo, en aquel tiempo, lo escuchaba, pero de inmediato sacaba un palo (no sé de dónde lo sacaba, pero siempre tenía uno a mano), ¡y se lo daba por la cabeza! Por supuesto nunca más volvía a contarme sus preocupaciones.

El Señor me cambió el corazón. Puso en mí un amor muy profundo por Claudio. Antes nunca lo había amado con ese amor. Es un amor infinito, que cubre los defectos, que supera los pensamientos humanos.

Este año cumplimos ¡veinticinco años de casados! Y estoy enamorada de mi marido más que antes. Sí, ¡estoy derretida por él! Y me encanta decírselo. A veces me acerco y le digo: "Mi amor, ¡qué lindo que estás! ¿Qué pasa que estás cada día más hermoso?" Y él se mira en el espejo y dice: "¿Es verdad?" Y se siente bien. Se lo digo de corazón, porque es lo que siento.

Dios ha hecho algo muy precioso en nuestras vidas. Él es especialista en resucitar lo que estaba muerto.

HACIA UN TIEMPO NUEVO

Dios me dio un nuevo corazón y una nueva visión. Quitó de mis ojos esos anteojos negros, que me llevaban a ver mi realidad siempre negativa, encontrándole el defecto a todas las cosas. Él aplicó su colirio en mis ojos y a partir de allí comencé a mirar con los ojos del Señor.

Dios es especialista
en resucitar
lo que estaba muerto.

El perdón, la reconciliación, es el único camino hacia las bendiciones de Dios. No podremos entrar a esa dimensión de poder, de milagros, de manifestaciones del Espíritu, si no somos canales limpios.

Antes de resucitar a su amigo Lázaro, el Señor Jesús ordenó: "Quitad la piedra" (Jn 11:39). Porque era la piedra lo que sellaba el sepulcro e impedía que Lázaro pudiese salir. Lázaro hacía cuatro días que estaba muerto y ya hedía. Pero nada es imposible para Dios.

Tal vez tú dices: "Hace muchos años que tengo aquí en mi pecho un dolor, una herida, una cosa guardada. ¡Y ya hiede de vieja que está!" Es tiempo para ti de remover la piedra. Si vienes a la luz y perdonas, y dejas que Dios te cambie, él va a resucitar lo que estaba muerto. Traerá vida. Levantará en ti el amor, la compasión y la misericordia. ¡Basta de vivir en angustia! ¡Basta de vivir en tristeza! Quita la piedra de tu corazón y deja actuar al Señor muy dentro de ti.

¡Tú puedes cambiar! ¡Tú puedes recibir un nuevo corazón para tu cónyuge y para cuanta persona te haya ofendido! No puedes modificar los hechos de tu pasado, pero puedes hacer que tu presente cambie y proyectarte hacia un futuro glorioso, lleno de bendiciones.

Nuestro amor humano a veces se agota. Muchos matrimonios se aman hasta que un día deciden que todo se terminó y buscan en otro lado. Pero no debe ser así. Cuando sentimos que las situaciones nos superan tenemos que acudir a Dios, que es la fuente del amor. Una fuente inagotable. Un amor que todo lo perdona.

Ése es el secreto de mi vida: recurrir a la fuente

para tener abundancia de amor, y que siempre ese amor esté fresco en mi matrimonio y en mi familia. Si fuera por mí, muchas cosas serían distintas. Pero por causa de Aquel que me salvó y me perdonó, vivo con paz, vivo con gozo, porque tomé la decisión de perdonar cada día, así como el Padre me perdonó a mí. Así de simple, como lo decimos en el Padrenuestro: "Y perdónanos nuestros pecados, como también nosotros perdonamos a nuestros deudores" (Mt 6:12).

Te invito a hacer esta oración:

"Padre amado, vengo a postrarme a tus pies reconociendo que necesito ordenar muchas cosas en mi vida. Examíname y pruébame. Mira muy dentro de mi corazón y dime lo que necesito oír. Quiero tu reino, quiero vivir mi vida conforme a tu Palabra. Hoy busco tu aprobación, y no la mía. Pongo todas mis obras a tus pies y ruego que tu poder y tus maravillas se desaten en mi vida. Dame pies como de ciervas para caminar en alturas espirituales que jamás he conocido. ¡Levántame de mi estado actual!

Señor, toma mi corazón herido. Tómalo en tus manos. Trae ungüento fresco y aplica tu aceite en mi corazón lastimado. Te entrego mis heridas, mis humillaciones, mis largos desiertos, mis decepciones, mi relación matrimonial. Allí donde se ha desgastado el amor, allí donde he perdido la esperanza, la ilusión, el enamoramiento, ¡allí necesito ver tu mano! Dame el amor fresco de tu corazón. Yo renuncio al rencor y la amargura. Renuncio a considerarme una víctima. Renuncio a mirar a mi cónyuge y a los que me rodean con los ojos del resentimiento y la resignación. ¡Te pido un nuevo corazón sensible a tu Palabra y lleno del amor y la revelación del cielo!

Hoy remuevo la piedra que impedía la manifestación de tus milagros. Y proclamo que a partir de este día todas las cosas son hechas nuevas.

Recibo por la fe un nuevo corazón. En el nombre de Jesús, amén".

AMIGOS Y COMPAÑEROS

"¡Gracias Señor por este nuevo tiempo! Llegué a pensar que los sueños e ilusiones del noviazgo nunca se iban a concretar, ¡pero es tan hermoso lo que estamos viviendo! Todas las cosas han cambiado. ¡Yo no soy la misma! Y el ministerio de Claudio, tu unción sobre él, crece día a día. ¡Creo que algo grande tienes para nosotros!"

4

Efectivamente la atmósfera espiritual en mi familia, en el ministerio, era fresca, limpia, pacífica, gozosa... La mano de Dios había arrancado toda la inmundicia acumulada, trayendo libertad y sanidad a mis emociones. Aquella piedra de dolor y amargura ya no estaba en mi corazón. ¡Todo era diferente!

Entonces comprendí que el mismo Dios que nos había unido con Claudio hacía muchos años, no se había equivocado. ¡Él aún nos tenía en sus planes!

ESCOGIDOS PARA SER UNO

Promediaba la década del setenta. No eran tiempos sencillos en mi país. La crisis moral, política, social y económica golpeaba a la gente y sus bolsillos. Muchas almas necesitaban el evangelio de Jesucristo, la Palabra de vida que nosotros llevábamos.

Con sólo trece años, le había rendido mi vida al Señor y me dedicaba por completo a servirlo. ¡Sólo trece años! Y estaba involucrada en todos los ministerios de la iglesia, especialmente dirigiendo la alabanza y evangelizando en los barrios humildes del conurbano. La iglesia donde me reunía quedaba en la localidad de Tigre, a unos treinta kilómetros de la ciudad de Buenos Aires. Una zona populosa y con mucha necesidad de Dios.

Mi compromiso con Dios, a pesar de ser tan chica, era para mí algo muy serio. Pasaba horas alabando, sirviendo, hablando con mi Padre celestial, dándole gracias por su misericordia... Ésa era mi vida. Y en ese espíritu de consagración decidí concurrir a un retiro de tres días para jóvenes adolescentes. No imaginaba que un rostro nuevo iba a captar mi atención.

"¡No voy a perder la cabeza con un chico que viene a un retiro espiritual ¡sólo a jugar al fútbol!", me dije a mí misma. Y seguí dirigiendo las alabanzas. Había cruzado la mirada con la de un chico que tendría mi edad, y me pareció interesante. Bueno, la verdad, me había gustado. ¡Pero vino sólo a tener vida social! Esto es lo que pensé cuando vi a aquel jovencito rubio, de rulos, que corría con sus amigos detrás de una pelota.

Cuando me convertí, mi autoridad espiritual eran mis pastores Mario y Luisa Santillán. Mi pastora me enseñó a orar de este modo:

"Señor, bendice al hombre que tú has destinado para que sea mi esposo. Donde se encuentre ahora, ¡bendícelo! Y dame la sabiduría necesaria para darme cuenta de quién es él, el día que tú lo pongas en mi camino. Te pido que lo bendigas y que lo guardes, en el nombre de Jesús. Amén."

Hacía esta oración muy de vez en cuando y más

que nada por ser obediente a Dios y a mi pastora, que siempre me enseñaba sobre la importancia de bendecir y agradecer a Dios por ese hombre que había escogido para mí. Pero sinceramente no estaba interesada en tener novio todavía. A partir de aquel retiro, algo comenzó a suceder en forma recurrente cada vez que hacía esta oración. Apenas me arrodillaba y me ponía a orar... ¡Zas! Allí, delante de mis ojos, se formaba una imagen. Era un retrato ovalado con un rostro. Un chico rubio, con rulos..., que lamentablemente no estaba consagrado al Señor. Digo lamentablemente porque me gustaba, pero no podía abrigar ninguna ilusión romántica. La prueba concreta de su compromiso cristiano, de acuerdo a lo visto en aquel retiro, era su pasión por el fútbol, y hablar y reírse con sus amigos. ¡Sólo se divertía! No, definitivamente no quería eso para mi vida.

Durante más de dos años me froté muy duramente los ojos intentando borrar esa imagen. "¡Qué locura! ¡No quiero pensarlo más!" Una y otra vez ese rostro, rubio y sonriente, venía hacia mí al bendecir al hombre que Dios había elegido para que seamos uno.

NUEVAS RESPONSABILIDADES

Con apenas quince años, mi pastor en la Iglesia de Tigre, me llamó para decirme que el Señor le había mostrado que yo debía hacerme cargo de la presidencia de los jóvenes de la congregación. Algunos de los jóvenes de la iglesia eran de mi edad, pero otros tenían veinticinco, treinta, y treinta y dos años, ¡y yo sólo tenía quince! La propuesta me puso en una encrucijada. Por un lado sentía muchísimo miedo por la gran responsabilidad, que con razón consideraba enorme. Por otro lado, no quería por nada del mundo desobedecer a mi Señor Jesucristo. Finalmente acepté. ¡Y las tres próximas noches no pude conciliar el sueño! Dije que sí, pero temblaba de la cabeza a los pies. Nunca se me ocurrió desobedecer la Palabra de Dios o actuar en rebeldía a mis autoridades espirituales. Además, a lo largo de mi vida cristiana iba desarrollando un fuerte espíritu de oración. Eso explica que siendo pequeña tuviera el oído afinado para escuchar la voz del Espíritu Santo. Sólo así pude aceptar la presidencia de los jóvenes ya que, en mi humanidad, tenía miedo de equivocarme. Dirigir un grupo, establecer disciplina, realizar consejería... ¡Era mucho! Al pensarlo, ya de adulta, puedo evocar aquel temor reverente. ¡Gracias Señor, has sido tan maravilloso conmigo!

Pasado un tiempo, ya activa en este ministerio, vino a verme una amiga que había ingresado al seminario bíblico. Aquella tarde me encontró en la iglesia y me dijo muy agitada: "¿Te acordás de aquel chico del retiro?" "Sí, claro que me acuerdo", le dije suspirando. En contra de mi voluntad, todavía lo recordaba.

"Claudio... Se llamaba Claudio", agregué. "¡Sí! — dijo mi amiga— ¡No lo vas a poder creer! Está convertido, ¡y es presidente de los jóvenes de su iglesia!" "¡Qué?", dije abriendo mucho los ojos. Ella continuó: "No sólo está bien consagrado al Señor, y es presidente de jóvenes de la Iglesia de Coghlan, ¡está en el seminario estudiando para ser pastor!" "No lo puedo creer", dije y respiré profundamente. "¡Pero lo vas a ver! —dijo— estará en el retiro para líderes de jóvenes".

Hoy mismo me parece ver a aquellas dos jovencitas, mi amiga y yo, en ese rinconcito del templo, descubriendo cuánto nos podía sorprender Dios. Al recordar aquel diálogo me sonrío, me envuelve una dulce ternura cuando siento otra vez aquel nerviosismo, aquella inquietud con la que me preparé para el retiro espiritual de presidentes de jóvenes de muchísimas iglesias.

Iba a ver a Claudio. El chico de los rulos "que me había flechado", como se decía entonces. Ahora estaba consagrado al Señor. Incluso predicaba en una "villa miseria" —una "favela" o asentamiento de emergencia— de San Isidro, llamada "La Cava", un barrio densamente poblado y muy conocido por sus altos índices de pobreza, marginalidad y dolor. Coincidentemente esta "villa" también estaba al norte de la ciudad de Buenos Aires, a pocos kilómetros de donde yo servía al Señor.

Los días previos a aquel retiro parecieron una eternidad. La ilusión se desató en mí con toda su fuerza. Pensaba que Dios había preparado ese retiro para nuestro encuentro y no veía la hora de volver a verlo. Pero nada salió cómo esperaba.

¿Has tenido alguna vez alguna gran desilusión? ¡Yo sí! Volví de aquel retiro arrastrando mi bolso. En tres días ni me habló, ¡ni siquiera me saludó! ¡Nada!

Tenía el corazón destrozado; las ilusiones hechas trizas. Un nudo en la garganta. ¡Nunca me dirigió la palabra! ¡Me ignoró! Ni una sonrisa. Nada, nada, nada...

EL ENCUENTRO

La desilusión de aquel retiro juvenil todavía me dolía en el recuerdo, pero decidí seguir adelante y confiar en que Dios tenía lo mejor para mí.

En mi casa funcionaba un grupo hogareño de mujeres y yo estaba a cargo de ese grupo, aunque la mayoría de ellas me doblaba en edad. Delante de mi casa funcionaba el negocio de mi padre y en la parte trasera, en la casa propiamente dicha, nos reuníamos por la tarde con las hermanas para orar y compartir la Palabra.

Un día sucedió algo inesperado. Cuando terminé de dirigir la reunión, mi papi se acercó y me entregó una tarjeta. "Dejaron esto para vos", me dijo. Cuando vi la tarjeta me puse pálida. "No, no puede ser", pensé. ¡Era de Claudio! Pero, ¿cómo me había encontrado?

Resulta que, aconsejado por su pastor, había salido a buscarme. No tenía muchos datos míos, ¡nunca habíamos hablado! Sólo sabía que la chica de la cual decía estar enamorado, se llamaba Betty; que en su casa se hacían reuniones evangélicas; que su familia tenía un negocio y que vivía en la calle Bucarelli, en la ciudad de Buenos Aires. La información no era muy precisa. La calle Bucarelli es larguísima y atraviesa varios barrios de la ciudad.

Tenía que recorrerla en su totalidad si pretendía encontrarme. ¡Y así lo hizo!

Caminó y caminó. "No vuelvas hasta encontrarla", le había dicho su pastor preocupado por Claudio al notar que no podía sacar de su mente a "aquella chica". "Dices estar enamorado, pero nunca le hablaste. Necesitas encontrarla y conocerla", le decía su pastor. Y allí iba él, calle tras calle, preguntando en cada negocio si vivía allí una chica muy flaquita llamada Betty. Si allí se hacían reuniones evangélicas... Pero la respuesta era siempre la misma: "No, acá no"; "No, no la conozco, fíjese en la otra calle"; "No, la verdad que no sé"... Las puertas parecían cerrarse.

Claudio decidió volver a su casa. Estaba cansado, frustrado. (Tal vez sentía lo mismo que yo cuando volví de aquel retiro.) Mientras esperaba la llegada del ómnibus que lo llevaría a su casa, su mirada triste se posó distraídamente sobre una mujer muy gorda que barría la vereda. Entonces se dijo: "Bueno, pruebo una vez más". Y le dijo al Señor: "Voy a seguir unos metros más y, si es tu voluntad, la voy a encontrar".

"Señora, ¿conoce a una chica que se llama Betty, que en su casa se hacen reuniones evangélicas?" "Sí —le contestó la mujer— es allí enfrente", le indicó mientras aún sostenía la escoba. Era una vecina de mi casa, cuyo sobrenombre todavía recuerdo: le decían "Pocha". Finalmente me había encontrado. Era el momento de la verdad. Un frío recorrió su espalda y pensó: "Bueno, ya la encontré. Mejor vengo otro día..." Pero recordó el compromiso con su pastor. ¡Qué momento!

Mientras yo estaba en la reunión con las mujeres, Claudio estaba con mi papá en el negocio. Se presentó, contó quién era y hábilmente le presentó todos sus antecedentes espirituales. "Me llamo Claudio, soy presidente de jóvenes de la Iglesia de Coghlan y estudio en el seminario bíblico". "¡Gloria a Dios!", exclamó mi papá. Que hasta ese momento lo había mirado con cara de pocos amigos. Él, como buen italiano, celoso de su hija, no iba a permitir que cualquier jovencito se me acercase: "¡La nena no se toca!" Pero al ver que Claudio era un cristiano comprometido, inmediatamente cambió de actitud y le recibió la tarjeta.

Allí había escrito su nombre, Claudio Freidzon, y el teléfono del seminario. Casi me muero. Estaba paralizada. Si pensaba que lo iba a llamar por teléfono estaba totalmente loco. ¡Con lo tímida que era! Además, había estado tres días en el mismo lugar que yo, y apenas me miró de lejos mientras hablaba con un amigo. Ni siquiera me dijo: "Hola".

La tarjeta giraba entre mis dedos nerviosamente. "¿Y si llamo?", pensaba. "¡Pero qué le digo!" Me moría de vergüenza. Finalmente mi mamá me dio el ultimátum: O llamaba yo, o lo hacía ella por mí. ¡Y eso no lo iba a permitir!

Una vecina de mi barrio era la única que tenía teléfono en la manzana. Por aquellos años, aunque parezca increíble, el teléfono era un bien de lujo, muy difícil de conseguir. Y con una audacia que no era mía, una tarde llegué hasta su casa y marqué el número del seminario. Pude escuchar cómo lo llamaban por el altavoz: "Claudio Freidzon, tiene teléfono en recepción". Casi podía imaginar las burlas de sus compañeros que seguramente sabían algo de la historia. Sentía ráfagas de temor, de vergüenza. Finalmente atendió: "Hola, ¿qué tal? ¿cómo estás?", me dijo. "Bien", atiné a responderle. Y Claudio se mostró muy expeditivo. Me propuso encontrarnos para charlar.

Y el día llegó. ¡Se veía tan hermoso! Llevaba puesto un suéter con rombos, estilo inglés. Sus ojos, más lindos que nunca, tenían un brillo tan intenso, su mirada era tan fresca... Su sonrisa tan hermosa... ¡Uy! ¡Cómo me gustaba ese chico!

Yo me preparé tanto para esa cita... Me puse una falda negra, una camisa blanca muy delicada, con flores pequeñas. Y un cárdigan del mismo color que la falda.

Nuestro punto de encuentro fue la esquina de avenida De los Incas y Triunvirato. "Quiero conocerte", me dijo aquella tarde mientras caminábamos. Claudio me dio detalles sobre sus estudios en el seminario y también su deseo de que fuésemos amigos. Y comenzamos a vernos los lunes de cada semana. Durante mucho tiempo fue así. Nos encontrábamos poco antes del atardecer y compartíamos, entre otros temas, todo lo que hacíamos en nuestras iglesias. Me agradaba escuchar especialmente todo lo relacionado con sus prédicas. Si bien yo hacía de todo en mi congregación, no me sentía tan segura en la preparación de sermones.

Decidimos orar para saber si el Señor estaba de acuerdo y quería transformar nuestra amistad en algo diferente, en un noviazgo que fuera el comienzo de un proyecto de vida en común. Y oramos por un buen tiempo. ¡Y el 6 de agosto de 1976 (lo recuerdo como si fuera hoy mismo), con el respaldo de nuestros pastores y autoridades del seminario (donde por ese entonces yo también era alumna de primer año por sugerencia de Claudio), el joven rubio, de sonrisa brillante, me declaró su amor bajo la luz de la luna! Y nos pusimos de novios. Una nueva etapa comenzaba para nosotros. ¡Gloria al Señor! ¡Qué grande es su fidelidad!

UNIDOS CON PROPÓSITO

Dice la Palabra de Dios en Génesis 2:18: "Y dijo Jehová Dios: No es bueno que el hombre esté solo; le haré ayuda idónea para él".

¡Qué bueno es leer en las Escrituras cómo Dios, al crear los cielos y la tierra, al ver su obra tan preciosa, advierte que el hombre está sólo! "Le haré ayuda idónea para él", dijo. "Entonces Jehová Dios hizo caer sueño profundo sobre Adán, y mientras éste dormía, tomó una de sus costillas, y cerró la carne en su lugar. Y de la costilla que Jehová Dios tomó del hombre, hizo una mujer y la trajo al hombre" (Gn 2:21-22).

Dios aplicó su sabiduría, completando la creación, trayendo belleza y armonía. Adán no esperaba semejante sorpresa, pero al abrir sus ojos seguramente exclamó: "¡Guau!" Y dijo: "Esto es ahora hueso de mis huesos y carne de mi carne; ésta será llamada Varona, porque del varón fue tomada" (Gn 2:23).

Esta es la unidad pensada por Dios para el matrimonio y para el ministerio. Dios puso (o pondrá, si eres soltero) a tu lado al perfecto complemento para que disfrutes de la vida y los planes de Dios.

Quizá al analizar tu presente, tus frustraciones matrimoniales, te preguntes: "¿Será que algún día conoceré la plenitud y la armonía en el matrimonio?" Déjame decírtelo claramente: ¡Sí! Para Dios todo es posible. Él es un Dios de oportunidades y de restauración. Y ruego a Dios que tu fe no falte, porque los hombres nos podemos equivocar, pero Dios nunca se equivoca.

> *Para Dios todo es posible. Él es un Dios de oportunidades y de restauración.*

Dios puso a la mujer para ser ayuda idónea del hombre, para llenar sus necesidades y ser su compañera en la visión. Él estableció un orden: Primero Cristo, al cual todos debemos someternos, luego el varón como cabeza visible, como sacerdote del hogar. A continuación la mujer, como el perfecto complemento. Y finalmente los hijos. Pero no perdamos de vista que el matrimonio tiene sentido en función de Dios. Él no puso a la mujer para satisfacer los caprichos del hombre, sino para que juntos, hombre y mujer, alcancen el perfecto plan divino. Así como al casarnos afirmamos que "seremos el uno para el otro", con igual énfasis debemos sostener que "ambos nos casamos para Dios", para hacer su voluntad sirviéndolo en la tierra. Ése es el camino hacia la plenitud. Hacia el amor y la unidad perfecta.

Muchas veces me he preguntado: ¿Por qué Dios sacó a la mujer de la costilla de Adán? ¿Por qué no la sacó de otra parte de su cuerpo. Pudo haberla formado del pie o de la cabeza, sin embargo la sacó de su costado, bien cerca de su corazón. Precisamente para que el hombre la cuide y la ame, y para que la mujer camine a su lado como su ayuda idónea y compañera. La persona que traiga aquello que completa la vida del varón.

Él no puso a la mujer para satisfacer los caprichos del hombre, sino para que juntos, hombre y mujer, alcancen el perfecto plan divino.

¡Dios nos ha creado tan diferentes! Hombres y mujeres tenemos características tan distintas, que a veces nos cuesta comprendernos. Y las diferencias que deberían complementarnos terminan siendo causa de división, ¡porque no entendemos que somos distintos! Y no sólo en lo físico, sino en lo emocional, en nuestra visión de la vida, en nuestros motivos de interés... El problema es que, en ocasiones, las mujeres esperamos que los hombres actúen como mujeres; y los hombres esperan ¡que nosotras actuemos y sintamos como hombres! Alguien ha dicho en broma que existe un motivo por el cual los hombres nunca entienden a las mujeres. ¡Y es porque estaban dormidos cuando Dios nos hizo! Pero Dios nos creó diferentes para que seamos el perfecto complemento.

Y cuando Dios creó a la mujer "la trajo al hombre" (Gn 2:22). Me agrada pensar que la mano de Dios nos sigue atrayendo. Nos pone a un hombre y una mujer en un mismo camino para compartir la vida y servirlo juntos en el ministerio. Así nos sucedió a Claudio y a mí. Él nos atrajo el uno hacia el otro.

EDIFICANDO UN HOGAR

¡Cómo no vamos a cuidar nuestro matrimonio! Con tristeza vemos que algo que comienza tan hermoso, con tantas ilusiones y sueños, a menudo se ve pisoteado dejando gruesas heridas.

No siempre comprendemos la profundidad del pacto matrimonial y dejamos que las crisis de la pareja se tornen irreversibles. En vez de acudir a Dios, la fuente del amor, del perdón... En vez de pedir ayuda a un buen consejero matrimonial, dejamos que la desilusión y el resentimiento se apoderen de nosotros. ¡Pero hay una salida! Esos momentos de crisis son para perfeccionar la unidad, no para destruirla. Son para que salgan a luz situaciones que quietamente se fueron depositando en nuestro corazón y lo estaban dañando. Cada uno debe estar dispuesto a hacer su parte. Dios nunca dijo que sería fácil, pero sí nos prometió estar con nosotros todos los días. Un matrimonio feliz se construye, a veces con alguna lágrima. Requiere una decisión de dar aun cuando consideramos que el otro no se lo merece. Sólo las hierbas del campo crecen espontáneamente, las grandes cosechas en el matrimonio son el resultado de dos corazones (¡al menos uno para empezar!) que se deciden a hacer la voluntad de Dios. A perdonar, a remover definitivamente esa piedra de la que te hablé anteriormente.

Esos momentos de crisis son para perfeccionar la unidad, no para destruirla.

He aprendido a dar gracias a Dios por ser mujer. El Señor no nos hizo para sufrir. ¡Por el contrario! Nos ha dado ese corazón de madre, esa capacidad de ternura, de amor, de comprensión. Muchas mujeres por haber sufrido se lamentan: "¿Por qué nací mujer?" No le creas el diablo. Dios te creó para un destino glorioso y cuenta contigo.

Dice la Palabra de Dios: "La mujer sabia edifica su casa; mas la necia con sus manos la derriba" (Pr 14:1).

La mujer sabia, virtuosa, con sus manos construye diariamente, bendice su hogar. Pero la necia, con esas mismas manos derriba y destruye. Esto quiere decir que el efecto de la mujer puede ser muy poderoso. Dios nos ha puesto como un motor en la familia, siempre y cuando sepamos usar la sabiduría de Él.

Nuestras manos traducen la actitud del corazón. Es lo que simbolizan en las Escrituras. He entendido que la sumisión es una actitud del corazón, que tiene que ver con nuestro interior y no con nuestra actividad externa. Es la actitud de bendición, de amor, de aliento. La mujer necia, por el contrario, es la que se deja dominar por el desgano, la desesperanza y la negatividad. La que vive anclada en el mar de los resentimientos. Esta mujer, aunque no se lo proponga, con sus manos derriba la casa.

> *La sumisión es una actitud del corazón, que tiene que ver con nuestro interior y no con nuestra actividad externa.*

A muchas les ha pasado que creyeron casarse con el príncipe azul, ¡y al poco tiempo se encontraron con el sapo! Pero la desilusión no es el final para Dios. Es el comienzo del desarrollo de una vida de fe, donde verás la mano del Señor concederte el deseo de tu corazón. ¡Conviértete en una mujer sabia! Y tu casa será edificada por el poder de Dios.

UNIDOS PARA SIEMPRE

Decidimos casarnos un 29 de diciembre. Llevábamos dos años y medio de noviazgo y nuestro pastor nos sugirió que ya era tiempo de culminar un noviazgo santo y puro como el que estábamos viviendo.

La fecha no parecía la ideal. Era un viernes y caía además en medio de las fiestas de Navidad y Año Nuevo. Mi familia tampoco comprendía bien por qué nos casábamos en esa fecha. Yo era la hija menor, la mimada de la familia, y querían darme lo mejor, pero había sido para ellos un año terrible en lo económico. El país había sufrido una seguidilla de picos inflacionarios (el recordado "Rodrigazo", por

"Rodrigo", el apellido del ministro de economía de aquel momento), y el negocio de mi padre había ido a la quiebra. Y si bien no había deudas, tampoco había reservas. Es decir, no podían ayudarme ni siquiera con lo mínimo. Y ellos querían darme una boda hermosa, como la habían imaginado.

Claudio y yo teníamos tanto temor de Dios y respeto por nuestro pastor, que le creímos a Dios y nos pusimos en sus manos para mantener aquella fecha. Aunque parecía difícil. Aunque ambas familias estaban con problemas económicos y no podían comprar ni una flor, queríamos hacer la voluntad de Dios y confiar en Él.

Apenas finalizadas las clases del seminario conseguí un trabajo, en un intento por hacer alguna compra para mi boda. Muchas veces había mirado revistas con modelos para novias, cómo preparar el ajuar, y esas cosas. Pero sólo eran ilusiones. No podía comprar nada de eso. De hecho, no lo tendría.

Mi suegra le propuso a una clienta suya, propietaria de una reconocida firma de moda, pagarle con su trabajo de cosmética y maquillaje la confección de un vestido de novia para mí. Por supuesto lo acepté. No tenía otra opción. Todos los días le abría mi corazón al Señor, le contaba todas mis ilusiones y renovaba mi compromiso con Él.

La primera prueba del vestido me dejó con una sensación amarga. No entendí cómo sería el vestido. "Voy a esperar a la próxima prueba", pensé. Pero cuando llegó ese día mis temores se confirmaron. "¡Es una enagua!", me dije. La mujer seguía con su trabajo. "Te encanta, ¿no es cierto?" Yo estaba a punto de llorar. "Es lo último de la moda en Europa, chiquita", seguía diciendo. No, no podía ser real lo que me estaba pasando. No tenía ningún derecho a pedir otro modelo. No podía decir nada frente a esa tela que parecía de bebé y no un género para un vestido de novia. Me mantuve en silencio tratando de evitar que las lágrimas corrieran por mi cara. Finalmente atiné a decir: "Pero, no me cubre los zapatos..." "No —me dijo ella— eso ya no se usa. Ahora se usa así". "¿Y... no tiene cola ni velo?", dije con lo último de mi voz. Ella hizo un gesto de suficiencia con las manos. "¡Pero no! Ya no se usa. Esto es lo moderno".

Salí de esa segunda y última prueba desolada, sumamente triste. "Me voy a casar con un simple camisón para dormir". Así me parecía. "Dios mío, es mi boda. ¡Señor, Señor!" Mis ilusiones se iban desgarrando. Nada tendría que me identificara como una novia. ¡Nada! Llamé a Claudio en una crisis nerviosa y descargué con él todo mi llanto. "Voy a estar horrible —le dije— parece un vestidito de comunión. Soñé toda mi vida con este día y ahora..."

No era sólo una idea mía. Cuando llegó el vestido dejó muda a toda mi familia. Esperaban un vestidazo, con velo y con cola, pero llegó una percha de la cual colgaba un vestido dobladito en dos, que no ocupaba ningún espacio. Efectivamente me quedaba, a mi entender, corto y no tenía ningún elemento que lo identificase como un vestido de novia. Yo estaba triste, sumamente triste. Iba a venir tanta gente que me conocía para verme. Los hermanos de la iglesia, los jóvenes, mis familiares... Me refugiaba en el

Señor, hablaba con Él. Estaba tan desilusionada.

Pero Dios es especialista en imposibles. ¿Lo sabías? Él sabe cómo actuar y empezó en el momento justo. En aquellos años no era tan común que se hiciera la fiesta de casamiento con un asado, pero una de mis hermanas se ofreció a pagarlo y acepté con gusto. Por otro lado, una hermana que se había entregado al Señor ocho meses atrás (fue nuestra primer convertida), Hilda, nos regaló una torta de bodas de cinco pisos. Al enterarse de que nos casábamos nos propuso este regalo, pues su hermano era repostero y podía hacerla. ¡Era una bendición! A todo esto mi papá, que ahora se dedicaba al negocio de las flores, al ver mi estado de ánimo y la realidad de mi vestido, consiguió que una persona hiciera un tocado de flores naturales para mí.

¡Dios es especialista
en imposibles!
Él quiere cambiar
tu lamento en baile.
Tu desilusión en esperanza.
Tus fracasos en
una nueva oportunidad.

"Señor, hoy me caso", dije todavía llorando. "Aquí estoy, mi vida es tuya, una vez más te la doy..." Me puse ese vestido y entró mi papá con el tocado, repleto de flores recién cortadas, y con todos los colores posibles. Y al colocarlo sobre mi cabeza, sentí que la gloria de Dios me cubrió. Y junto con esa fragancia que emanaba de mí, la misma presencia del Dios Todopoderoso llenó aquella habitación. ¡Comencé a danzar! Y nunca más volví a sentirme triste. Olvidé todo lo que había pensado hasta ese momento. Ya no me vi pobre o fea. El vestido ya no era pobrecito. ¡Ya no estaba desilusionada! Bailaba, extendía mis brazos... Y esas fragancias llenaban la habitación. Y la gloria de Dios lo llenaba todo.

Y en mi corazón, allí bien adentro de mí, sentí la voz del Señor fuerte y clara: "Te he vestido de reina", me dijo. "¡Oh, sí Señor! —le contesté— ¡Gracias! ¡No podría sentirme más hermosa! Estoy tan feliz. ¡Gracias Dios mío!"

¡Dios es especialista en imposibles! Él quiere cambiar tu lamento en baile. Tu desilusión en esperanza. Tus fracasos en una nueva oportunidad. No importa cuán mal se vea todo. El mismo Dios que me sanó, que me enseñó la dicha del matrimonio, hoy está a tu lado para levantar lo que está dañado. Para devolverte la sonrisa. ¡Deja que comience contigo y Él hará nuevas todas las cosas!

Te invito a hacer esta oración:

"Amado Dios, te doy gracias porque sé que mi vida está en tus manos. ¡Tú tienes lo mejor para mí! Proclamo que tú me has dado en tu plan eterno el cónyuge que yo necesito para ser dichoso y servirte en unidad. Quita de mi corazón todo resentimiento e incredulidad. Remueve lo que me impide mirar con fe. Enséñame a edificar con sabiduría mi casa. A ser alguien lleno de amor y de buenas palabras. Te entrego

mi desilusión, las heridas del pasado y te ruego que hagas nuevas todas las cosas en mi vida y en mi matrimonio. Padre, me pongo en tus manos para servirte. ¡Gracias por tu amor! En el nombre de Jesús, amén".

SORPRENDIDA
POR DIOS

"Un nuevo hijo, una nueva iglesia, un nuevo territorio... ¡Aún no puedo creerlo! Pero la carita de
Ezequiel, su permanente sonrisa y buen humor, me
confirman diariamente esta hermosa realidad. Me
parece que el mismo Señor me está sonriendo y no
salgo de mi asombro. ¡Sí! ¡Dios me ha sorprendido!
Ha superado cualquier expectativa. Este pequeño
bebé vino con una palabra profética. Y se ha cumplido con creces.

Ezequiel me mira paradito tomado de la baranda
de su cuna. Se despertó y, como siempre, me regala
una sonrisa. Es el milagro de la vida. Tan glorioso y
milagroso como el nacimiento de la Iglesia Rey de
Reyes en el Barrio de Belgrano. Nuestro nuevo territorio espiritual. Cuando lo veo a él, veo la iglesia,
porque ambos nacieron al mismo tiempo y por una
misma Palabra de Dios. ¡Sí, también la Iglesia Rey de
Reyes está dando sus primeros pasos! ¡Y está llena de
vida!"

5

Antes de conocer al Señor, la religión nos hacía sentir que Dios era un Dios del pasado. Lo relacionábamos con la vieja historia, con las antiguas imágenes... Creíamos que Dios ya había hecho todas las cosas hace mucho tiempo, pero que nada nuevo haría en nuestro presente. ¡Qué gran error! Nuestro Dios es el Dios de las cosas nuevas.

Dice la Palabra en 2 Corintios 5:17: "De modo que si alguno está en Cristo, nueva criatura es; las cosas viejas pasaron; *he aquí todas son hechas nuevas*" (énfasis añadido). Y en el libro de Apocalipsis 21:5: "Y el que está sentado en el trono dijo: *He aquí, yo hago nuevas todas las cosas.* Y me dijo: Escribe; porque estas palabras son fieles y verdaderas" (énfasis añadido).

Quizá piensas que en tu vida ya está todo dicho. Estas sumido en tu rutina, en tus quehaceres y no esperas nada nuevo. ¡Pero Dios quiere sorprenderte!

UNA PALABRA PROFÉTICA

Dice el Señor en Isaías 42:9: "He aquí se cumplieron las cosas primeras, *y yo anuncio cosas nuevas*; antes que salgan a luz, yo os las haré notorias" (énfasis añadido).

Corría el año 1985 y disfrutábamos con Claudio de un nuevo tiempo en Parque Chás. Los miembros de la iglesia aún eran poquitos, pero sentíamos la bendición de Dios y comenzábamos a crecer. Por aquel entonces, con mucho esfuerzo habíamos terminado la ampliación del templo (¡para cincuenta personas!) y del terreno baldío sólo quedaba la memoria. Los aires de avivamiento que corrían en Argentina, especialmente a través del ministerio del evangelista Carlos Annacondia, llenaban nuestras vidas y nuestras reuniones. Estábamos contentos y entusiasmados con esta nueva etapa.

Mis dos hijos, Daniela y Sebastián, tenían 5 y 4 años, respectivamente. La época de pañales y biberón había quedado atrás y yo gozaba de una mayor libertad para servir al Señor en otros ministerios, como por ejemplo la enseñanza.

Una noche, hicimos una reunión de profesores del Instituto Bíblico en nuestra pequeña casa de Parque Chás. Las mujeres, como siempre, conversábamos animadamente. ¡Siempre tenemos mucho para contar! Hablábamos de la familia, los hijos, la iglesia... Entre ellas estaba una querida amiga y esposa de pastor a quien yo respetaba mucho. Se llama Rita Vena. Junto con su esposo fueron profesores nuestros en el seminario y ya en el ministerio teníamos una excelente relación.

"Betty, antes de irme necesito decirte dos cosas", me dijo Rita cuando se acercaba para despedirse.

Pensé que no sería algo importante, ya que había esperado hasta último momento para decírmelo. "Sí, Rita, dímelo todo", le contesté. No imaginaba lo que vendría.

"En primer lugar, el Señor acaba de darme una palabra en Isaías para ti", me dijo. A continuación abrió su Biblia y leyó en Isaías 54:1: *"Regocíjate, oh estéril, la que no daba a luz; levanta canción y da voces de júbilo, la que nunca estuvo de parto; porque más son los hijos de la desamparada que los de la casada, ha dicho Jehová".*

Quizá piensas que en tu vida ya está todo dicho. Estas sumido en tu rutina, en tus quehaceres y no esperas nada nuevo. ¡Pero Dios quiere sorprenderte!

A continuación señalando nuestra pequeña iglesia, me dijo: "Estas paredes ya no están más, este lugar y esta casa no son más". Miré mi casa, el templo que con tanto esfuerzo, ¡contando monedas!, habíamos levantado y pensé: ¿Cómo que estas paredes ya no son más? "El Señor me muestra otro lugar, Betty —continuó Rita— Dios cambia el ministerio de tu esposo. Prepárate porque es pronto y este lugar no será más para ustedes. Dios cambiará sus vidas definitivamente".

Me costaba creerlo. Después de tanto sacrificio y

oración teníamos un lugar medianamente digno donde predicar el evangelio. Nadie nos había ayudado económicamente. Todo se realizó con esfuerzo, con lágrimas y oración. No podía pensar en otro lugar todavía.

"¿Y cuál es la segunda cosa?", atiné a preguntarle. Ya, por entonces, me dolía el estómago. "Y la otra cosa que Dios me mostró —continuó Rita mirándome muy seriamente— es que el Señor te va a dar un hijo varón". "¿Qué? ¡Un hijo varón!", yo ya tenía la parejita: Daniela y Sebastián. No hacía mucho le había dado gracias a Dios porque ya estaban más crecidos y podía dedicarme al ministerio junto a mi esposo y ocuparme en la enseñanza. ¡Y justo ahora...!

"Pero este hijo tiene una particularidad, Betty — continuó Rita— el Señor me lo muestra como con trigo, como si tuviese un pan debajo del brazo. Este niño marcará una etapa diferente en sus vidas". Inmediatamente que dijo esto se despidió: "Bueno me voy, chau...". Y salió con prisa.

Me quedé inmóvil, intentando digerir las palabras. Imaginaba las paredes de la iglesia que ya no estarían allí... Me vi embarazada de otro hijo... Entonces, como por un mecanismo de defensa, mi mente y mi razón humanas me llevaron a pensar: "Bueno, las profecías tardan mucho tiempo en cumplirse". Y aliviada con este pensamiento, suspiré hondo y seguí mi camino.

Esa misma semana comencé con problemas digestivos. Todo lo que comía me caía mal. Pasaban los días, y mis problemas estomacales no mejoraban.

Finalmente Claudio me sugirió que consultara al médico, quien me ordenó hacer análisis de rutina. "Señora Freidzon —me dijo el médico con los resultados en la mano— aquí veo dos manitos, dos piecitos y un corazoncito que está latiendo...".

"¡Tan pronto!", fue lo único que atiné a decir.

UN NUEVO HOGAR

Efectivamente, Dios estaba apresurando su Palabra y un sinfín de cambios venían con ella.

Habíamos recibido una carta de un familiar que nos decía: "Siento de parte de Dios que ustedes ya no deben seguir viviendo en esa casa. Múdense a un departamento, que yo les pagaré los gastos que eso demande. Todos los meses me haré cargo del alquiler". Y a los siete meses de embarazo, ya estábamos en nuestra nueva casa.

Era un departamento todo alfombrado, con un baño completo, hermosos cuartos y todos los servicios. Recuerdo el primer día que entré para verlo. Tan luminoso, tan nuevo... Abracé a mi papá ¡y comencé a bailar de alegría por todo el departamento vacío!

El único problema era que, a pesar de haber llevado nuestras pertenencias, ¡seguía vacío! No teníamos nada para llenar la sala y las otras habitaciones. El encargado del edificio me preguntó: "Señora, ¿cuándo llega el camión de mudanzas?" "No se preocupe —le dije— ya está todo mudado". Él, con asombro, veía a través de la puerta que no teníamos muebles. Una sola planta de interior vestía aquella sala, y la cambiaba de lugar casi todos los días. ¡Pero estaba feliz y alababa a Dios! Para mí esa casa era el cielo.

Claudio tenía mucho trabajo. Durante varios años fue profesor del instituto bíblico y nunca habían podido pagarle ni siquiera la gasolina. Sin embargo, en aquel tiempo lo llamó el director del instituto, el pastor Rocky Grams, y le dijo: "Claudio, hemos recibido una donación desde Estados Unidos, y sentimos que es tiempo de reconocer tu apoyo de todos estos años, enviándote un dinero para que dispongas de él. Queremos bendecirte".

Así se llenó la casa de muebles: sala, comedor, ¡todo! Dios es fiel, grande y todopoderoso.

UN NUEVO TERRITORIO: BELGRANO

Acomodados en la realidad del nuevo tiempo que vivíamos, no esperábamos ya grandes cambios. Vivíamos un hermoso mover del Espíritu Santo en Parque Chás y estábamos creciendo. Teníamos un matrimonio renovado. Esperábamos un nuevo hijo y teníamos una nueva casa. ¿Qué más se podía esperar?

Pero Dios es especialista en sorpresas. Él es "el Dios de las cosas nuevas". Y todavía tenía un nuevo territorio ministerial para nosotros.

Una noche sucedió algo extraordinario. Claudio estaba acostado, a punto de dormirse, y yo estaba en el baño cepillándome los dientes. Repentinamente lo escuché gritar: "¡Betty, Betty!" Sin saber qué pasaba, me asusté mucho y corrí como pude hasta la habitación, cargando mi pancita de siete meses.

"El Señor acaba de mostrarme algo en esa misma pared", me dijo. Mi esposo nunca había tenido una visión de Dios, y yo tampoco lo había experimentado. "Acabo de ver, como en una película, una plaza. Es la plaza Noruega en el barrio de Belgrano —continuó él. Había una multitud de personas y un predicador. Todo estaba muy iluminado con guirnaldas de luces, y la gente venía a Jesús..." Mientras él me contaba la visión, yo no salía de mi asombro.

"Pero allí no termina todo. En la segunda parte de la visión, yo me encontré en un teatro —me dijo Claudio. Allí le preguntaba a un hombre: 'Señor, ¿usted me puede alquilar esta sala?' Y él me contestó: 'Sí, ¡Cómo no! ¿Para qué la quiere?' Y yo le dije: 'Tengo que celebrar una reunión de jóvenes'. Aquel hombre mirándome dijo: '¿Ah, sí...?' Y le dije: 'Sucede que tengo mil quinientos jóvenes'. Y luego de esto, terminó la visión."

> *Dios es especialista*
> *en sorpresas. Él es*
> *"el Dios de las cosas nuevas."*

No aguanté más y me reí con una sonora carcajada. Nosotros teníamos un solo joven en la iglesia y recientemente se habían sumado tres o cuatro más. Reconozco que mi risa no era muy espiritual. Aquella noche actué como Sara cuando le anunciaron el nacimiento de su hijo, y ella se rió. Pero me causó mucha gracia pensar en una reunión en un teatro para mil quinientos jóvenes, ¡cuándo sólo teníamos uno que estaba bien firme en la iglesia! A decir verdad, actué peor que Sara. Le dije a mi marido: "Mi amor, ¿qué te habré dado de comer esta noche?", insinuándole que había tenido una pesadilla o algo así. Realmente mi actitud de dar aliento a mi esposo falló aquella noche. No era precisamente de bendición. Sucede que no entendía lo que estaba ocurriendo. Pero Claudio repetía: "Mil quinientos jóvenes". Y para mí era demasiado, así que nos fuimos a dormir.

A los pocos días, Marcelo, el joven de quien hablaba, toca el timbre de nuestra casa. Se lo veía muy serio y emocionado. Le dijo a Claudio: "Pastor, no sabe lo que me sucedió anoche. Necesito que me lo explique". Él tenía apenas unos meses en el camino de Dios. "Estábamos orando con el grupito de jóvenes que empezó a venir a la iglesia y una hermana, una joven nueva, comenzó a hablar en un lenguaje extraño y decir: 'Mi siervo va a predicar en Belgrano. Díganle al pastor que multitudes se van a salvar y que voy a ungirlo con dones de sanidad y milagros'."

¡Ah! Recordé mi carcajada y me quedé fría. Ni Marcelo, ni ese puñadito de jóvenes que hace poco días venían a la iglesia, sabían algo sobre el don de lenguas y su interpretación. Estaban asombrados por lo sucedido. ¡Y yo más que ellos! Mi esposo le dijo: "Bueno Marcelo, muchas gracias por contármelo". Aún estremecida por un escalofrío, volví a recordar mi risa de Sara y le dije a mi esposo: "Claudio, todo lo que el Señor te mostró, lo haremos. No sé de qué manera, pera vamos a ir a esa plaza a predicar".

CUANDO DIOS ABRE LAS PUERTAS

Dios nos llamaba a un nuevo lugar para predicar el evangelio. Aún me costaba asimilarlo. Pero la visión, según pasaban los días, se hacía más fuerte en nuestros corazones.

La situación nos recordaba la experiencia del apóstol Pablo en Troas: "Y se le mostró a Pablo una visión de noche: un varón macedonio estaba en pie, rogándole y diciéndole: Pasa a Macedonia y ayúdanos" (Hch 16:9). Dios nos llamaba a un nuevo barrio en la ciudad de Buenos Aires. Una zona de clase media y alta, que alguno había llamado "el cementerio de los predicadores".

Es Dios quien abre puertas para la predicación del evangelio. El apóstol Pablo pedía oración a los colosenses "para que el Señor nos abra puerta para la Palabra" (Col 4:3). Y en otros pasajes testifica: "Porque se me ha abierto puerta grande y eficaz, y muchos son los adversarios" (1 Co 16:9).

Dios trata con nuestra voluntad, para que seamos encaminados en su perfecto plan.

En ocasiones, estas puertas que se abren en el ministerio son precedidas por tiempos de crisis y conflicto. Dios trata con nuestra voluntad, para que seamos encaminados en su perfecto plan. El apóstol Pablo conoció esta experiencia muy de cerca antes de recibir la visión en Troas. Con la pasión que lo caracterizaba había llegado al Asia menor para predicar el evangelio a los gentiles, pero Dios le cerró las puertas: "Y atravesando Frigia y la provincia de Galacia, les fue prohibido por el Espíritu Santo hablar la palabra en Asia; y cuando llegaron a Misia, intentaron ir a Bitinia, pero el Espíritu no se lo permitió" (Hch 16:6-7).

¡Imagino la angustia en el corazón de Pablo! Su amor, su pasión por las almas, se veía truncado por un inexplicable "no" de Dios. Quería predicar en Asia, y el Espíritu Santo le dijo: "Te lo prohíbo". Le cerró la puerta en la cara. Seguramente confundido siguió su camino y cuando intentó predicar en Bitinia, el Espíritu Santo vuelve a decirle: "No te lo permito". Otro portazo.

¿A quién le gusta que Dios le diga: "No"? Muchas veces pensamos que nuestro plan es el mejor, nos aferramos a una idea y no comprendemos que la voluntad de Dios es la única agradable y perfecta. Con nuestra pequeña mente discutimos y nos enojamos con Dios porque las puertas se cerraron, ¡pero Dios siempre tiene una mejor! Es cuestión de dejarnos llevar.

En ocasiones, luego de recibir la visión del nuevo barrio, me preguntaba: "¿Justo ahora? Ahora que estamos bien, que la iglesia comienza a dar fruto, ¿justo ahora debemos mudar nuestro ministerio?" Humanamente me costaba entenderlo, pero cuando Dios cierra una puerta es porque tiene una mejor. Y así lo comprobó también el apóstol Pablo. Esas puertas que se iban cerrando en su camino lo fueron encaminando hacia el puerto de Troas. Ya no podía seguir avanzando. Y fue allí donde Dios le mostró la visión del varón macedonio. ¡Ésa era la puerta! Más que una puerta, ¡un portón! Dios lo llamaba a plantar el evangelio por primera vez en Europa.

Tal vez vienes de recorrer un camino infructuoso. Un tiempo de puertas que se cierran a tu paso. ¡No te desanimes! Dios quiere abrir nuevas puertas. Puertas en el ministerio. Puertas en lo laboral. Puertas en lo vocacional. Puertas en tu relación con Dios y con tu prójimo. ¡Puertas de Dios! Y las que Él abre, ninguno las puede cerrar (Ap 3:8).

Por el contrario, tal vez te hallas cómodo en tus circunstancias presentes. De hecho, no esperas que nada nuevo suceda. ¡Pero Dios quiere sorprenderte y llevarte a un nivel más alto en tu vida espiritual y ministerio!

Esto es lo que me sucedió a mí.

PREPARÁNDONOS PARA LA CONQUISTA

Claudio me dijo: "Tenemos que ir a ver la plaza Noruega y conseguir los permisos, para llevar adelante lo que Dios nos mostró".

Así que una noche lo acompañé para reconocer el lugar y ver dónde pondríamos la plataforma y demás detalles de la organización. Cuando llegamos a la plaza me quedé fría. Todo estaba muy oscuro. Había un grupo de chicos y chicas jóvenes revolcándose y rodando por el pasto. No había que ser experto para reconocer que estaban bajo los efectos de la droga. Era terrible. Yo estaba embarazada de ocho meses y recuerdo que me tomé muy fuertemente de la mano de Claudio. Me dio miedo verlos así.

Claudio comenzó a gestionar los permisos con un corazón expectante. Para nuestros recursos, organizar una campaña al aire libre en una plaza, y justo en ese barrio de clase media y alta, era una locura desde todo punto de vista. No teníamos un solo centavo para colocar una lamparita de luz. Pero sorpresivamente, la municipalidad iluminó la plaza con cientos y cientos de luces. Las puertas se iban abriendo. Conseguimos los permisos necesarios y, con todo el operativo en marcha, volvimos para orar en la plaza. Por causa de los robos y de los drogadictos, los vecinos ni siquiera pasaban por allí para no ser agredidos. ¡Y se veía tanta promiscuidad! Pero era el sitio escogido por Dios para mostrar su salvación a todos esos jóvenes y a muchos otros que vendrían a los pies de Cristo.

Todos los días orábamos en el templo por la campaña en el barrio de Belgrano. Un día Claudio salió temblando después de un tiempo de oración y me dijo: "El Señor me habló, ¡me dijo que el evangelista de esa cruzada tengo que ser yo!"

Quienes conocían a Claudio sabían que era un hombre muy inteligente, que le gustaba estudiar y enseñar las Escrituras, pero que era muy tímido. No soportaba hablar delante de mucha gente. Cuando en nuestra pequeña iglesia de Parque Chás abríamos las ventanas que daban a la calle, bastaba que un transeúnte se asomara por una de ellas para que Claudio se pusiese rojo de vergüenza. Yo sabía que debía levantarme y cerrar esa ventana. Era tan tímido que, a veces, hasta tartamudeaba al hablar.

Claudio, pensando en la inminente campaña,

había llamado a Carlos Annacondia y a otros reconocidos evangelistas para invitarlos como predicadores de la cruzada, ¡pero ninguno podía! Todos estaban ocupados. Él oró al Señor y le dijo: "¿Por qué me mostraste esa visión si no me das el predicador? Ya tengo la fecha, el lugar, los permisos, ¡y no tengo el evangelista!" Y el Señor le respondió: "Serás tú, y te daré dones, y haré milagros". Claudio comenzó a llorar. Yo le dije: "Por supuesto que te usará". Se lo dije por fe, porque en realidad, en la historia de nuestro ministerio, nunca habíamos orado por la sanidad de los enfermos. Cuando nuestras abuelitas se enfermaban, las mandábamos al doctor, pero no orábamos por ellas. Pero Dios, de una y otra forma, le mostró a Claudio que haría milagros de sanidad.

La noche anterior al inicio de la cruzada, la plaza estaba nuevamente copada por los drogadictos, liderados por uno a quien llamaban "el francés"; un joven que traficaba drogas y había tenido problemas con la justicia.

La policía, al vernos preparar la plaza para la predicación, se acercó para hablarnos. "¿Qué piensan hacer aquí? —nos preguntó. Los drogadictos le van a romper todo. Aquí, la gente ya ni pasea a sus perros por el temor que les tienen. Hemos hecho tantos operativos para sacarlos..., pero nos dimos por vencidos. La plaza es de ellos".

Claudio le contó que era pastor y al día siguiente vendría a la plaza a predicar. Los policías entonces le ofrecieron darle custodia, pero él les dijo: "No se preocupen, tengo quien me proteja".

Pero un hermano que nos había acompañado, al

oír estos comentarios, no pensó lo mismo. "Pastor, yo tengo familia, así que conmigo no cuente". Y se fue.

La hora de la verdad había llegado. Y el desafío era enorme.

MILAGROS Y SALVACIÓN EN LA PLAZA

Aquella tarde me preparé para nuestro primer día de campaña. Mi embarazo era muy notorio, así que lucía un vestido típico de mujer embarazada. Me peiné y nos dirigimos con Claudio hacia la plaza Noruega.

Subí a la débil plataforma con cierta dificultad y me dispuse para tocar el teclado todos los días que durase la cruzada. Los parlantes eran muy viejos y el sonido pésimo, pero era lo único que teníamos.

Colocamos en la plaza un cartel que decía: "Jesucristo salva y sana". Y a renglón seguido decía: "Todos los días, excepto los lunes". Sonaba gracioso, pero queríamos señalar que los lunes no teníamos reuniones allí.

Un hermano comenzó dirigiendo las alabanzas. Agitaba su pañuelo con fervor, al estilo de las campañas del evangelista Carlos Annacondia, mientras la gente se iba acercando con curiosidad. Algunos pensaban que era una fiesta, o festejos del carnaval, porque estábamos en pleno mes de febrero. Los minutos iban pasando y Claudio no aparecía por ningún lado. Los drogadictos, a quienes tanto temíamos, se habían sentado en la primera fila. La gente que había salido de sus comercios ubicados en la avenida Cabildo (a una calle de la plaza), se acercaba para escuchar. Las abuelas, con sus nietos, nos preguntaban: "¿Qué es esto?" Las invitábamos a quedarse, diciéndoles que ya se iban a enterar. ¡Y Claudio no aparecía! Desde la plataforma, llamé a un colaborador y le pregunté: "¿Dónde está mi marido?" Allí me enteré ¡que estaba escondido atrás de un árbol! Le dije a aquel hermano: "¡Traiga al pastor como sea!" Él corrió a decirle: "Pastor, es su hora". Y finalmente lo vi subir a la plataforma con su Biblia en la mano.

Claudio estaba de espaldas a mí con su traje azul. Lo miré bien y me sorprendió su presencia. Ese hombre que estaba parado allí en la plataforma, mirando hacia la gente, no parecía mi marido. Cuando comenzó a hablar, yo abrí bien grande la boca y los ojos, y no los volví a cerrar del asombro. ¡Qué elocuencia! ¡Qué autoridad! No era él quien estaba hablando.

Y Dios tenía aún mayores sorpresas. Cuando hizo el llamado a quienes deseaban aceptar a Jesús como Señor y Salvador, cientos de personas acudieron llorando al altar. Habían pasado ocho años de altares vacíos, sin conversiones en nuestro ministerio, ¡y ahora eran multitudes! Las lágrimas corrían por mi rostro. Mi corazón explotaba de felicidad.

Luego Claudio comenzó a orar por los drogadictos. Y dijo con vehemencia: "Esta noche habrá milagros". Al decir esto, Dios lo respaldó. Había un hombre parado al pie de la plataforma que tenía un tumor canceroso de gran tamaño en su cuello. Tenía, además, una mancha negra, como si estuviera quemado por el cáncer que tenía. A metros de él, estaba una señora judía, embarazada de gemelos, que tenía los ojos desviados. Ésta se acercó hasta mí y me dijo: "Si es verdad lo que están diciendo, que me cure a mí". Claudio, que estaba a mi lado, le contestó: "Por supuesto, Dios me dijo que esta noche hará milagros". Frente a este desafío de la mujer, pensé: "¿Qué hará Claudio ahora?" Entonces bajó de la plataforma y quiso poner su mano sobre ella para orar, y cuando lo hizo, la mujer cayó al suelo. Hasta ese momento nadie se había caído así. Mi temor fue grande, pensé: "Esta mujer se rompió la cabeza", porque el piso era de cemento. La levantamos rápido y notamos que cada ojo estaba perfectamente en su lugar. Ese milagro hizo estallar la plaza, porque esta mujer tenía un comercio en la zona y era muy conocida.

Mientras Claudio oraba por la gente, muchos de ellos gritaban: "Me quema, me quema". El hombre que tenía cáncer comenzó a gritar que le quemaba el cuello, y que el bulto había desaparecido. Siguió viniendo todas las noches y los médicos sorprendidos lo revisaban porque no podían creerlo.

Muchas personas recibían milagros de emplomaduras de oro en su dentadura. Una noche se acercó una odontóloga que vivía en un departamento frente a la plaza. Ella, que veía y escuchaba lo que sucedía allí abajo, decidió venir para "desenmascarar a ese mentiroso" (léase, mi marido). Llegó con su hija pequeña y comenzó a abrir la boca de la gente. Mientras lo hacía, su hijita le dijo: "Mamá, mamá, me quema la boca". ¡Esa misma noche Dios colocó oro en la muela de esa niña!

Esas noches de campaña evangelística, al regresar a casa con Claudio no podíamos dormir. Nos pellizcábamos: "¿Estamos soñando o estamos despiertos?" Era glorioso el mover de Dios en aquella plaza.

Los drogadictos caían al piso manifestando opresiones demoníacas. Algunos de ellos practicaban la homosexualidad. Hoy son líderes de la iglesia. Están casados y con familias bien constituidas. Con el tiempo supimos, según sus relatos, que cuando Claudio predicaba cada noche, se les iba el efecto de la droga. En su particular modo de hablar, se decían: "Loco, esto pega más fuerte que la droga". El poder de Dios tenía un efecto mayor que cualquier droga que hubieran consumido. Noche tras noche, ellos regresaban buscando más de Dios.

No estaba en mis planes vivir tantos momentos gloriosos, ¡pero Dios me sorprendió!

La campaña, que inicialmente duraría una semana, se extendió por dos semanas más. En aquel febrero de 1986, en una plaza, bajo la gloria y los milagros de Dios, nacía la Iglesia Rey de Reyes del barrio de Belgrano.

En apenas veinte días, ¡más de mil almas se convirtieron al Señor y se añadieron a la iglesia! Fuimos un puñadito de hermanos y ahora éramos una gran multitud. La iglesia nació bajo la unción del Espíritu Santo. Sí, nació con gloria, irrumpiendo con señales y prodigios en aquel barrio que por mucho tiempo había estado cerrado al evangelio.

En esas noches de campaña conocí un nuevo esposo, un nuevo pastor. Ya no era más el Claudito que yo conocía, éste era un hombre de Dios osado y ungido, tal como el Señor me lo había revelado por la palabra profética.

¡UN CÁNTICO NUEVO!

"Cantad a Jehová un nuevo cántico, su alabanza desde el fin de la tierra; los que descendéis al mar, y cuanto hay en él, las costas y los moradores de ellas" (Is 42:10).

Un cántico nuevo es canto espontáneo que brota de nuestro corazón. Es la consecuencia de un amor renovado por el Señor. Al contemplar su fidelidad, sus milagros y maravillas, encontramos nuevos motivos para alabarlo.

Tal vez vienes de atravesar un duro invierno espiritual, pero la primavera se acerca.

No estaba en mis planes vivir tantos momentos gloriosos, ¡pero Dios me sorprendió! No consideraba que mi esposo y yo fuésemos los más indicados para vivir tales experiencias, ¡pero Dios se glorificó tomando lo pequeño y manifestando su gracia y su poder! Él puso en mi corazón un cántico nuevo de amor por Jesús.

Quizás estás alabando a Dios con "un cántico viejo". Tu devoción se ha hecho rutina. Has perdido esa frescura y emoción. ¡Dios quiere sorprenderte! Tu Dios es un Dios de cosas nuevas.

No vivas en la chatura del "todo esta dicho" y "nada nuevo sucederá". Pregúntate más bien: "¿Qué quiere hacer Dios con mi vida?" Y deja que Él te muestre las cosas nuevas que tiene para ti.

Tal vez vienes de atravesar un duro invierno espiritual, pero la primavera se acerca. El tiempo de reverdecer, dar flores y frutos, pronto llegará a tu vida.

Dios tiene algo nuevo para tus momentos de oración. Dios quiere renovar tu familia. ¡Dios quiere darte un nuevo corazón! Un tiempo agradable delante de su presencia. ¡Nuevas visiones y sueños! Nuevas puertas que se abran para ti.

¡Tu Dios es un Dios de cosas nuevas!

Te invito a hacer esta oración:

"Amado Dios, te doy gracias por tus planes para mi vida. Abro mi corazón con fe para recibir lo nuevo que viene de tu trono. Renueva mi alabanza, mi adoración. Guíame hacia las puertas de tu voluntad. Llévame a ese territorio nuevo. ¡Sorpréndeme con tu poder! Dame un nuevo ministerio, una nueva familia, un nuevo corazón. Te lo pido en el precioso nombre de Jesús, amén.

UNA IGLESIA DE AMOR

"*El tiempo de la esterilidad terminó. ¡Cientos de personas se congregan en la nueva iglesia! Pero, ¿cómo atender a tantas almas nuevas? Las mujeres me buscan una y otra vez: "Hermana, necesito hablar con usted". Y ya no es la pequeña Iglesia de Parque Chás. Mi bebé recién nacido me pide su leche cada tres horas... ¡Y otros tantos bebés espirituales lloran a su alrededor!*

Cada noche tenemos reuniones de evangelización y milagros en el nuevo templo de la calle Ciudad de la Paz 1971, en el barrio de Belgrano. Es una nueva etapa y no siento en mi corazón que deba hacer lo mismo que en Parque Chás. ¿Cuál será mi trabajo? Voy a ayunar y orar. ¡No quiero hacer nada hasta que Dios me hable! ¡Necesito su estrategia!"

6

Efectivamente el tiempo de la esterilidad había acabado. Los cielos se habían abierto y los hijos espirituales llenaban la casa.

Recuerdo una mujer en la Escritura que experimentó este gozo después de pasar por una gran prueba. Me refiero a Ana, cuya historia se narra en el primer libro de Samuel, capítulo uno.

Ana era una mujer estéril. Ella deseaba tener hijos y sentía un gran dolor y amargura al ver que pasaban los días y esos hijos no llegaban. Ni siquiera el amor de su esposo, que era un sacerdote y la quería sinceramente, lograba aplacar su dolor y tristeza.

Para colmo de males, la otra esposa de su marido, llamada Penina, actuaba como su peor enemiga. Dice la Escritura: "Y su rival la irritaba, enojándola y entristeciéndola, porque Jehová no le había concedido tener hijos" (1 S 1:6). Al dolor propio de sentirse estéril, Ana debía sumarle la crueldad de su rival que se burlaba de ella hiriéndola profundamente.

Tal vez esto mismo ha hecho el enemigo contigo en este tiempo. Mostrándote tus fallas, tus debilidades, tus "no puedo". Diciéndote: "Nunca lo vas a lograr"; "Otros lo han alcanzado, pero tú no"; "No eres la persona elegida, Dios ha escogido a otros". ¡Pero son mentiras del diablo!

Ana escuchaba estas palabras todos los días de su vida, pero no se resignó a su condición. Dice 1 Samuel 1:9-10: "Y se levantó Ana después que hubo comido y bebido en Silo; y mientras el sacerdote Elí estaba sentado en una silla junto a un pilar del templo de Jehová, ella con amargura de alma oró a Jehová, y lloró abundantemente". Ella se levantó en el poder de Dios, mirando al Dios de Israel, al único que hace maravillas. Habrá pensado: "Si mi Dios abrió el mar Rojo, no puedo resignarme a la esterilidad y la amargura". Ella clamó con todo su corazón, así como yo lo hice en un momento de mi vida donde me sentí igualmente vacía y estéril. Ana descubrió que ese clamor sincero es la única salida para alcanzar la respuesta de Dios.

> *Un clamor sincero se levanta mirando a Dios como la única fuente de esperanza, como nuestra única alternativa.*

Clamar a Dios no es realizar una oración fría y rutinaria. Es derramar nuestra vida en el altar. Es orar desde las entrañas y a veces sólo con lágrimas. Un clamor sincero se levanta mirando a Dios como la única fuente de esperanza, como nuestra única alternativa. Es la oración que dice: "Padre, entrégame la ciudad o me muero. Haz algo conmigo, porque no quiero seguir viviendo así. No quiero aceptar más esta mediocridad. ¡Señor, haz algo en mi vida, no quiero seguir estéril!"

Es necesario que nos volvamos a Dios con este clamor. No podemos transitar más en el límite entre lo profesional y lo religioso. El Señor dice: "Yo conozco tus obras, que ni eres frío ni caliente. ¡Ojalá fueses frío o caliente! Pero por cuanto eres tibio, y no frío ni caliente, te vomitaré de mi boca!" (Ap 3:15-16).

Un cristiano tibio es un conformista. Uno que se mira a sí mismo y dice: "Así estoy bien". Uno que ha dejado de depender de Dios para cosas mayores. Por el contrario, la persona que clama a Dios busca santificarse, tiene hambre y sed genuinas por un mover del Espíritu Santo, busca ser lleno de su presencia y depender más y más de Él. Este clamor abre los cielos. Cuando determinamos, como Juan el Bautista: "Es necesario que él crezca, pero que yo mengüe" (Jn 3:30), allí actúa el poder de la resurrección y la vara que estaba seca reverdece y da frutos y flores.

Cuando Ana lloró abundantemente y derramó su corazón delante de Dios, los cielos se abrieron de par en par. La Biblia está llena de ejemplos de hombres y mujeres que abrieron los cielos por su clamor. Jesús mismo dijo con sencillez: "Pedid, y se os dará; buscad, y hallaréis; llamad, y se os abrirá" (Mt 7:7). El milagro de Dios llegó a la vida de Ana siguiendo este camino.

No existen barreras que Dios no pueda derribar. No hay brujos, ni magos, ni agoreros, que puedan oponérsele. No hay tierra demasiado seca que Él no pueda inundar con sus ríos de poder. ¡Basta de concentrarnos en nuestras propias capacidades! Llenemos nuestra mente con la Palabra de Dios y actuemos en su nombre. Es tiempo de orar con fe. Jesús te dice: "¿No te he dicho que si crees, verás la gloria de Dios?" (Jn 11:40).

En mi caso, nunca hubiese imaginado lo que Dios tenía para mí. Jamás se cruzó por mi mente, ni siquiera en mis sueños, vivir cosas tan gloriosas como en estos años. Verdaderamente Dios me ha dado mucho más de lo que pedí o alcancé a entender. Y esto mismo hará Dios contigo. El poder de Dios vendrá sobre ti. Te cubrirá con su sombra y te llevará a una nueva dimensión de poder. Ana recibió los hijos que deseaba y nunca más volvió a estar triste. Yo no sé en que áreas te has sentido estéril o sin fruto, pero Dios te anuncia un nuevo tiempo. Un tiempo de cielos abiertos.

¡HIJOS!

Cuando terminó la cruzada evangelística, una multitud de hijos espirituales se añadieron a la iglesia y nos pedían un lugar para reunirse en el barrio de Belgrano. Nuestra iglesia quedaba en otro barrio y les costaba trasladarse. Nosotros los invitábamos a Parque Chás, pero nos preocupaba perder parte de la cosecha en ese traslado. Además, nuestro pequeño salón era para setenta personas y estaba repleto, y los que se acercaban hasta allí tenían que seguir el servicio desde la vereda, mirando por la ventana. El barrio de casitas bajas estaba alterado por toda la gente que daba vueltas alrededor del templo. Nunca habían visto tanto movimiento. Definitivamente necesitábamos ampliar nuestra visión y conseguir un nuevo lugar para reunirnos en el territorio que Dios nos había mostrado.

Cuando salí de la clínica con el pequeño Ezequiel en brazos, ya Dios había abierto la puerta en pleno barrio de Belgrano. Los mismos hermanos que se habían convertido nos habían ayudado a encontrarlo. Era un garaje sobre la calle Ciudad de la Paz. La dueña nos dijo que en una semana podía desocupar las cocheras que tenía rentadas, para que el pastor usara ese lugar como templo. Así fue que ella habló con toda la gente que durante años guardó allí sus automóviles y nos entregó las llaves. Todos los que se habían entregado al Señor en la plaza Noruega llegaron con escobas, cepillos y pinceles, dispuestos a limpiar y pintar lo que sería el nuevo templo.

Claudio me llevó directamente de la clínica a conocer el lugar. Bajé del automóvil con dificultad, cargando a mi bebé recién nacido, y ya estaban allí todos los nuevos creyentes. Ingresamos al edificio y comenzó a mostrarme todos los detalles. Me parecía algo increíble. Ver ese lugar tan grande y la gente recién convertida trabajando en su iglesia... Era un sueño cumplido.

La primera noche de milagros y unción en la iglesia fue una fiesta. Mucha gente caía al suelo tocada por Dios y no teníamos suficientes colaboradores para ayudarnos. Las mismas señales y el espíritu fogoso y evangelizador, que había marcado aquellas noches de campaña, seguía vivo en nuestras primeras reuniones. Esa primera noche, al regresar a nuestro hogar, casi no dormimos. A cada momento lo pellizcaba a Claudio y le decía: "¿Estamos durmiendo o estamos despiertos? ¿Es un sueño?" Hablamos durante toda la noche, casi sin poder creerlo.

Pero el gran desafío aún estaba por delante. Los bebés espirituales (¡cientos de ellos!) lloraban a nuestro alrededor pidiendo la leche espiritual. "Hermana, necesito hablar con usted", escuchaba por aquí. "Hermana, mi matrimonio..."; "Por favor necesito oración..." El clamor venía de todas partes, ¡y yo era una sola y con un bebé que amamantar! Dios me había mostrado que en esta nueva etapa, mi ministerio sería diferente. No haría lo mismo que en Parque Chás. Comencé a ayunar y orar: "Señor, ¿cuál será mi trabajo? ¿Cuál es tu estrategia?"

Recuerdo que un día declaramos una jornada de ayuno y oración para toda la iglesia. Las mujeres estaban en la iglesia y yo debía ir hasta mi casa cada tres horas para amamantar a Ezequiel y regresar. ¡Y cuando volvía las encontraba comiendo y hablando de cualquier cosa! Eran muy nuevas y no entendían demasiado. ¡Y nosotros necesitábamos obreros! Y la carga nuevamente en mi corazón: "Señor, ¿qué tengo que hacer frente a tanta necesidad?"

MULTIPLICÁNDONOS EN AMOR

En ese tiempo Dios me habló: "Betty, te tienes que multiplicar". El Señor me dijo que debía pedir su guía y tomar diez mujeres que Él me mostraría. Yo casi no las conocía, pues todas venían del mundo y aún traían situaciones de la vieja vida. Pero el Señor fue muy claro: "Betty, tienes que comenzar a vaciar tu vida, para que otros sean llenos".

Ése era el camino. El mismo que Jesús señaló cuando dice la Escritura: "Y al ver las multitudes, tuvo compasión de ellas; porque estaban desamparadas y dispersas como ovejas que no tienen pastor. Entonces dijo a sus discípulos: A la verdad la mies es mucha, mas los obreros pocos. Rogad, pues al Señor de la mies, que envíe obreros a su mies" (Mt 9:36-38).

> *"Betty, tienes que comenzar a vaciar tu vida, para que otros sean llenos."*

Nadie tuvo ni tendrá más grande amor que Jesús. Él recorría las ciudades y aún las aldeas más pequeñas, para predicar el evangelio y sanar a los afligidos. Donde estaba la necesidad, allí estaba Jesús. Trabajaba incansablemente para tocar a cada hombre, a cada mujer, pero eran multitudes... Y él, en su humanidad, no podía estar en todas partes. Y al ver las multitudes sentía compasión: "¿Cómo haré para alcanzarlos a todos?", se habrá preguntado. Y la respuesta vino de inmediato a su corazón: "¡Obreros! ¡Necesito obreros! ¡Oremos para que Dios levante nuevos obreros!" "Pequeños Cristos" que continuasen su labor en la tierra.

Esto mismo puso Dios en mi corazón al ver la gran cosecha recibida. En esos días de oración, el Señor me dijo: "No quiero una sola Betty. Quiero miles de mujeres que tengan tu corazón; porque lo que te di no te pertenece, es mío, y te lo entregué para que lo des a otros. Quiero que levantes un ejército, que te multipliques..." Así fue que seleccioné diez mujeres y comencé a reunirme con ellas tres veces por semana.

> *El milagro de la multiplicación se produce sólo cuando estás dispuesto a morir a tu egoísmo ministerial, cuando estás dispuesto a morir a tu propio orgullo personal.*

En aquel tiempo tuve que tomar una decisión importante. ¿Me guardaría algo o debía compartirlo todo? A veces, como siervos de Dios, tenemos algo que consideramos distintivo de nuestro ministerio. Aunque sabemos que es de Dios, pensamos: "Es mío, es algo que Dios me ha dado a mí". Pero el Señor me lo pidió todo: "Betty, eso es algo que yo quiero que entregues". El milagro de la multiplicación se produce sólo cuando estás dispuesto a morir a tu egoísmo ministerial, cuando estás dispuesto a morir a tu propio orgullo personal que te lleva a deleitarte cuando otros dicen: "Ese pastor tiene tal ministerio, o el Señor lo usa con tales dones". Y uno pretende la exclusividad en el asunto. ¡No es así! "Todo, Betty, todo", esa fue la directiva del Señor y decidí obedecerle. Debía reunirme con estas hermanas, discipularlas, enseñarles la Palabra y dales hasta el último secreto que yo conocía de Dios. Y esto ha sido poderoso para nuestra iglesia.

En aquel tiempo eché mano a las valiosas lecciones sobre el discipulado que Dios me había mostrado cuando Daniela y Sabastián eran muy pequeños. Cuando a veces decimos: "¡Señor, estoy tan ocupada con mi familia!" Porque relacionamos el servicio a Dios con una plataforma, con estar de pie hablando a otros; pero servir a Dios es más profundo que eso. Es estar dispuesto a derramar tu vida en otras vasijas. A entablar una relación, un compromiso con otras personas a las cuales debes enseñarles con tu vida el camino del Señor.

PALABRAS CLAVE PARA EL FUTURO

En ese tiempo de búsqueda, Dios me habló sobre algunos temas clave. Dos palabras fundamentales para construir el futuro: "Fidelidad y transparencia".

El Señor me dijo: "La fidelidad y la transparencia serán las columnas sobre las que levantarás un gran edificio que nunca se caerá, porque estará establecido sobre mi Palabra. Harás un pacto con estas diez mujeres. Quiero que tengan fidelidad hacia mí y hacia ustedes como pastores. Una lealtad absoluta".

Y siguió hablándome sobre la transparencia: "No habrá 'caretas', ni 'maquillaje'. Tendrás que mostrarte tal y como eres, para que mi pueblo te conozca y puedas transmitir aquello que te doy".

Relacionamos el servicio a Dios con una plataforma, con estar de pie hablando a otros; pero servir a Dios es más profundo que eso.

Desde aquel momento entendí que yo no sería "la pastora", sino la esposa del pastor, que entrenaría y levantaría mujeres de la iglesia para que sirvieran como yo.

Luego de recibir estas dos palabras, llamé a estas mujeres y les pregunté si estaban dispuestas a obedecer estas directivas de Dios. Estas preciosas hermanas aceptaron el desafío y comencé a reunirme con ellas para brindarles una enseñanza intensiva. Cada día pasábamos dos o tres horas compartiendo. Les hablaba sobre este pacto necesario de fidelidad y confianza, que nos debía guardar en comunión. Y profundizaba en los aspectos de la transparencia. El Señor me dijo que no quería una iglesia hipócrita ni religiosa. Como dice en 2 Corintios 3:18: "Por tanto, nosotros todos, mirando a cara descubierta como en un espejo la gloria del Señor, somos transformados de gloria en gloria en la misma imagen, como por el Espíritu del Señor". Así debíamos mostrarnos siempre delante de Dios, sin caretas, tal como somos. Para dar el ejemplo, les dije: "El Señor me pidió que me muestre tal cual soy ante ustedes para que me conozcan. Deben conocer lo que siente mi corazón. Mi amor por Dios y mi fe en Él. También la visión que Dios nos dio para este pueblo en este lugar".

Me reunía con ellas alrededor de tres veces por semana y les ayudé a alcanzar una base doctrinal sana, tocando temas como la salvación, el bautismo en aguas, el Espíritu Santo, los deberes cristianos y cómo debe ser el hogar cristiano, entre otros.

Una de mis primeras enseñanzas fue: los "sí" y los "no" dentro de estos grupos de crecimiento. En los "sí" se enseñaba que en ese lugar nos reuníamos para aprender la Palabra, para crecer espiritualmente, para ser transformadas por Dios y para abrir el corazón y exponer nuestras necesidades.

Los "no" eran aquellas cosas que no estaban permitidas. Por ejemplo: no se permitía que se hable de alguien que no esté presente. Ese lugar no era para criticar. No hablaríamos de otros ministerios para juzgar o comparar. Cada vez que empezábamos el año, determinábamos lo que haríamos y lo que no haríamos. Esas eran las reglas del juego desde el principio.

Cuando el Señor me dijo: "Ya están listas", hablé con ellas y les dije que comenzaran a orar y buscar dentro de la congregación diez personas a quienes ellas deberían discipular. Ellas deberían transmitirles exactamente las enseñanzas que habían recibido de mí durante esos meses. La misma relación y el mismo espíritu.

Con el correr del tiempo, un año después, cuando

mi esposo vio que el trabajo de preparación de obreras dio resultado me dijo: "Betty, lo que estás haciendo es realmente de Dios. Me gustaría transmitirlo a toda la iglesia". Así fue que compilamos nuevos materiales de discipulado, entre ellos uno sobre "Los enemigos del alma", y organizamos a toda la iglesia en diferentes niveles de enseñanza y en grupos homogéneos.

Me dediqué al trabajo del discipulado intensivo durante cinco años. Primero fueron las diez mujeres que había seleccionado como parte de mi equipo. Ellas asumieron el liderazgo sobre otras diez, y así sucesivamente. El grupo se fue agrandando cada vez más en la formación de líderes. Les daba clases, las aconsejaba, oraba por ellas, les impartía lo que el Señor me daba. Se había formado una red de mujeres líderes con autoridad.

> *Debía desarrollar una*
> *"maternidad espiritual"*
> *sobre las almas que Dios*
> *nos había dado y poner cimientos*
> *de amor en la iglesia recién nacida.*

Ellas fueron los instrumentos para levantar la cosecha de nuevas cristianas que, como iglesia, debíamos alcanzar. Estas mujeres fueron las madres espirituales que por años entrené, y que estuvieron listas y fértiles para embarazarse de las nuevas almas que aceptaban al Señor y criarlas para transformarlas en líderes.

Al tiempo de escribir estas líneas, ya cumplimos más de quince años sirviendo al Señor como un equipo.

Esta forma de discipulado en grupos pequeños o células ha existido desde siempre y hoy está muy difundida; pero en aquellos años no se veía tanto. Y en mi caso, era el resultado de una guía de Dios muy específica y personal.

Dios me había hablado sobre mis rodillas: "Aquí, en Belgrano, yo levantaré un pueblo con autoridad. Entonces, debes multiplicarte. Yo no quiero una Betty. Con la esposa del pastor no alcanza, tienen que ser miles de 'Bettys', todas con el espíritu que yo te di". Ellas debían verme como una niña observa a su madre y aprende cómo se conduce una mujer en la vida. Así debía desarrollar una "maternidad espiritual" sobre las almas que Dios nos había dado y poner cimientos de amor en la iglesia recién nacida.

"REGOCÍJATE, OH ESTÉRIL"

Dios quiere poner fin a tu esterilidad. ¡Quiere darte hijos! Te dice, como está escrito: "Regocíjate, oh estéril, la que no daba a luz; levanta canción y da voces de júbilo, la que nunca estuvo de parto; porque más son los hijos de la desamparada que los de la casada, ha dicho Jehová. Ensancha el sitio de tu tienda, y las cortinas de tus habitaciones sean extendidas; no seas escasa; alarga tus cuerdas, y refuerza tus estacas. Porque te extenderás a la mano derecha y a la mano izquierda; y tu descendencia heredará naciones, y habitará las ciudades asoladas" (Is 54:1-3).

El Señor te anuncia el tiempo de fructificar. Quiere levantarte como un padre, como una madre espiritual llena de misericordia y espíritu de conquista.

> *El Señor...quiere levantarte como un padre, como una madre espiritual llena de misericordia y espíritu de conquista.*

El enemigo quiere matar tus sueños. Quiere matar la vida de Dios que está en ti. Cuando quedé embarazada de Ezequiel, supe por la palabra profética que comenzaba para nosotros una nueva etapa, un nuevo ministerio. Junto con este hijo, vendrían los frutos. Un nuevo territorio y una nueva iglesia. Pero al poco tiempo de quedar embarazada, comencé a tener pérdidas, tan graves que mi bebé corría un serio peligro. Mi hermana, que es obstetra, me dijo claramente: "Betty, tenemos una amenaza de aborto. Debes hacer reposo absoluto y aún así no tenemos garantías". Fue un gran golpe para mí. Me sentía totalmente inútil en aquella cama durante días enteros, mientras el Señor se estaba moviendo en la pequeña Iglesia de Parque Chás como un preludio de cosas nuevas. Claudio asistía todas las noches a las campañas del evangelista Carlos Annacondia y estaba encendido con una nueva pasión. El Señor también lo estaba preparando para los cambios en el ministerio, y para plantar la iglesia en Belgrano. Mientras tanto yo vivía este conflicto. No quería perder ese hijo que Dios me había enviado, pero mi estado de salud no evidenciaba mejorías.

Un día, lo recuerdo muy bien, Claudio había ido a orar con el hermano Annacondia, y teníamos un servicio por la tarde. Yo no podía más. Me levanté y dije: "Señor, si este hijo me lo diste tú, tú me lo vas a guardar. Yo me declaro sana en el nombre de Jesús". Y después de varias semanas me levanté y me fui a la reunión. Cuando Claudio llegó, el servicio había comenzado, y miró sorprendido porque me vio tocando el órgano. Yo no sabía que él se había llevado un pañuelo mío y habían estado orando simbólicamente sobre él con el hermano Annacondia, pidiendo a Dios mi sanidad. Se acercó a mí sonriente y sin que nadie lo notase, puso el pañuelo en mi mano. Sentí en mi espíritu y en mi cuerpo que Dios me había dado la victoria por completo sobre toda enfermedad y nunca más tuve problemas con mi embarazo. ¡Gloria al Señor!

No renuncies a lo que te pertenece. El enemigo quiere arrancar la Palabra que Dios plantó en tu corazón, quiere robarte la esperanza. Pero Dios te dice: "¡Regocíjate! No estés triste ni amargado". Es tiempo de derramar tu corazón delante de Dios como lo hizo Ana, con un clamor sincero, y los cielos se abrirán. El tiempo de la esterilidad ha terminado. ¡Prepárate para ver grandes frutos! El Señor te dice: "No seas escasa" (Is 54:2). En otras palabras: "¡No me creas poco!" Hasta este día, quizá sólo contemplaste tu desierto y tus limitaciones. Hoy Dios te "embaraza" con su palabra que te anuncia cambios y frutos en abundancia.

Él te dará la estrategia para marcar a muchas generaciones con el poder y la Palabra de Dios.

Te invito a hacer esta oración:

> *Amado Dios, en este día proclamo que el tiempo de la esterilidad ha llegado a su fin. Te ruego que la multiplicación y el fruto abundante llegue a mi familia, a mi trabajo y a mi ministerio. Renuncio a la tristeza y a la amargura, y abrazo con fe la Palabra de Dios. ¡Concédeme hijos espirituales! Que se abran los cielos y reciba todo lo precioso que tú tienes para mi vida. En el nombre de Jesús, amén.*

UNA VISITACIÓN DE LO ALTO

"¡Señor! ¿Qué es esto? Tu presencia es tan poderosa, tan sorprendente, que supera nuestra capacidad de comprensión. Nuestros servicios terminan de madrugada. Nadie se quiere ir. Este poderoso mover de Espíritu Santo no parece reconocer estructuras religiosas ni formalismos. ¡Y los testimonios de vidas cambiadas y renovadas se multiplican! Filas de personas esperan para entrar a la iglesia y pastores de todas las denominaciones han llegado hasta aquí para beber de este río. La unción fresca que viene de lo alto nos reviste de una nueva autoridad espiritual."

7

El crecimiento de la iglesia en el barrio de Belgrano fue constante y hermoso. Aquellos primeros tres años dieron su fruto y el templo se llenaba hasta desbordar. Unánimes, decidimos mudarnos y a finales de 1988 nos trasladamos a la calle Olazábal 2547. Allí, anteriormente, funcionaba una pista de patinaje sobre hielo. Un día, Claudio leyó en el diario que estos lugares estaban cerrando. Había sido un negocio muy de moda, pero el furor había pasado. Así fue que mi esposo mandó a un hermano de la iglesia a preguntar si querían cedernos el lugar y llegamos a un acuerdo. Lo más maravilloso es que Claudio había intentado alquilar ese local antes, cuando buscábamos un sitio en Belgrano donde establecer la iglesia. Era sólo un garaje y nos pedían una fortuna. Tres años después era un local reacondicionado a nuevo, con hermosos baños, un entrepiso de categoría y muchísimos detalles de lujo que jamás podríamos haber pagado. Durante los tres años que estuvimos en la calle Ciudad de la Paz, ¡Dios nos preparó el templo de la calle Olazábal 2547! En este lugar viviríamos momentos de gloria.

HAMBRE Y SED DE DIOS

Así fue que nos mudamos. La iglesia, que había comenzado con un puñadito de hermanos, ya rondaba los dos mil miembros. Pero más allá de la cantidad de personas que asistían a cada reunión, había un hermoso mover del Espíritu Santo en la alabanza. Como sucedió desde el comienzo de nuestro pastorado, yo dirigía la alabanza durante nuestros servicios. A medida que nos adentrábamos en la adoración, no podíamos parar. Nuestras reuniones duraban tres horas y media. "¿Cómo hacen para que la gente permanezca tanto tiempo sin cansarse?", nos preguntaban algunos pastores amigos. En casi todas las iglesias, las reuniones no superaban la hora y media. Sucede que la presencia de Dios era tan profunda y real, que nos olvidábamos del reloj.

De regreso a casa, luego de cada servicio, recorríamos las siete calles que nos separaban de nuestra casa charlando con Claudio sobre lo sucedido en la reunión. "¿Qué te pareció el culto?", solía preguntarme. Yo le decía: "Impresionante". Y en verdad ése era mi parecer, ya que el río de Dios nos inundaba con su Presencia. Las personas nuevas se entregaban al Señor, los endemoniados eran libres, había milagros de sanidad, ¿qué más podíamos pedir? Sin embargo, él me decía: "No, Betty, eso no es todo; hay algo que no conocemos y yo lo quiero". Yo lo miraba sorprendida y pensaba: "¿Qué está buscando?" Para mí todo era hermoso y suficiente.

Pero él quería algo más. En su corazón había una insatisfacción, como si presintiera que había cosas mayores de parte de Dios. No sabía qué, pero sentía muy adentro de su ser un hambre y desesperación por el Espíritu Santo como nunca había sentido antes.

Cada semana hacíamos el mismo recorrido de regreso a casa y surgía la misma pregunta de Claudio, y yo le daba la misma respuesta.

Un día de 1992 (un año que sería clave en nuestras vidas), reunido con algunos pastores amigos, Claudio compartió esta inquietud que albergaba desde hacía tiempo. Relató su insatisfacción, su sed interior, a pesar de que por fuera tenía un ministerio próspero y pujante. El pastor Pedro Ibarra le dijo: "Llegó a mis manos un libro de Benny Hinn. Te lo voy a prestar para que puedas leer acerca de la experiencia que este hombre vivió".

Claudio recordó que pocos meses atrás un querido pastor, Werner Kniessel, que fue misionero en Argentina y conocía a Claudio desde sus tiempos de seminarista, le había hecho una pregunta que fue como un puñal: "¿Cuánto tiempo dedicas a oír al Espíritu Santo?" Claudio había sido profesor de teología sobre el Espíritu Santo, tenía una vida regular y diaria de oración, pero Dios le estaba mostrando el camino para entablar una nueva relación, íntima y personal, con el Espíritu Santo.

Sin perder más tiempo, Claudio leyó el libro *Buenos días, Espíritu Santo*. Llamó a su amigo Pedro y le dijo: "Tengo que ir a conocer a este hombre, ya". En aquel año 1992 hicimos las valijas y viajamos a Orlando, Estados Unidos, a la iglesia que pastoreaba Benny Hinn por aquel entonces.

Algo tremendo estaba a punto de suceder.

TIEMPO DE AVIVAMIENTO

Todos oramos por un gran avivamiento que sacuda las naciones de la tierra, pero ese avivamiento debe encenderse antes en nuestros propios corazones.

Me refiero a un pueblo que se encienda en una nueva pasión por Jesucristo y se rinda como María a sus pies para adorarle. Una Iglesia que despierte de su letargo, de su fría religiosidad, para reconocer que en medio de ella está el Rey de la gloria. Un pueblo que se levante con toda la autoridad que ha recibido de parte de Dios e impacte su sociedad con el evangelio.

Necesitamos una Iglesia que despierte de su letargo, de su fría religiosidad, para reconocer que en medio de ella está el Rey de la gloria.

La Biblia nos habla de una mujer llamada Débora, que en muchos aspectos tipifica a la Iglesia que Dios está levantando. Leemos en Jueces 4:4-5: "Gobernaba en aquel tiempo a Israel una mujer,

Débora, profetisa, mujer de Lapidot; y acostumbraba sentarse bajo la palmera de Débora, entre Ramá y Bet-el, en el monte de Efraín; y los hijos de Efraín subían a ella a juicio".

Débora era una mujer a la que Dios le había dado autoridad. Cuando estamos dispuestos a romper con las cosas que no agradan a Dios, esa misma autoridad divina viene a nuestra vida.

En aquel entonces el pueblo de Israel se había puesto orgulloso y no clamaba a Dios; y nosotros podemos caer en la misma trampa. Muchas veces nos sentimos "tan bendecidos", que ya no tenemos ese deseo de ir corriendo a orar, a leer la Biblia... Como todo está tranquilo, hacemos nuestra vida. Nombramos a Dios, pero espiritualmente empezamos a aflojar.

Débora, por el contrario, habitaba en el monte y tenía una visión diferente a la del resto del pueblo. Ella tenía un panorama de todo el pueblo de Israel, porque habitaba en las alturas de Dios. ¡Y así es la Iglesia de Cristo! Dice el apóstol Pablo en Efesios 2:6: "Y juntamente con él nos resucitó, y asimismo nos hizo sentar en los lugares celestiales con Cristo Jesús".

Dios te ha llamado y te ha puesto en el trono con Cristo, para que compartas su sitio de gloria y de poder. Y el mismo apóstol ruega a Dios que sean abiertos nuestros ojos espirituales: "...para que sepáis cuál es la esperanza a que él os ha llamado, y cuáles las riquezas de la gloria de su herencia en los santos, y cuál la supereminente grandeza de su poder para con nosotros los que creemos, según la operación del poder de su fuerza, la cual operó en Cristo, resucitándole de los muertos y sentándole a su diestra en los lugares celestiales, sobre todo principado y autoridad y poder y señorío, y sobre todo nombre que se nombra, no sólo en este siglo, sino también en el venidero; y sometió todas las cosas bajo sus pies, y lo dio por cabeza sobre todas las cosas a la iglesia, la cual es su cuerpo, la plenitud de Aquel que todo lo llena en todo" (Ef 1:18-23).

> *Dios te ha llamado y te ha puesto en el trono con Cristo, para que compartas su sitio de gloria y de poder.*

¡La supereminente grandeza de su poder está en nosotros! Él nos ha dado su autoridad poniendo todas las cosas debajo de sus pies. No permitas que nadie pise o ahogue el tremendo potencial que hay en ti. El crecimiento tan anhelado vendrá por esa fuerza interna de Dios, que no reconoce ningún tipo de límites. A medida que descubrimos lo que Dios ha puesto dentro de nosotros, podemos sentir que somos importantes en su plan y que nuestra vida tiene un propósito divino.

Es tiempo de levantarte en poder y decir: ¡Basta de desierto! ¡Basta de impedimentos! ¡Basta de esterilidad! ¡Basta de mirar mis incapacidades!

Dios te dice: "Yo te capacito. Yo me levanto en tu vida. Yo saco a luz el poder y la autoridad que he puesto en ti para mostrar mi gloria a las naciones".

¿Y qué harás con toda esa potencia de Dios? Deja que Dios te use como a Débora, para traer conquista y victoria a su pueblo.

En aquel año 1992, con Claudio iniciamos esa búsqueda de una comunión íntima con el Espíritu Santo y el resultado fue una irrupción de poder, gloria y autoridad que brotó de nuestros corazones e inundó la Iglesia, levantándola para la conquista.

UNA FRESCA UNCIÓN

Llegamos a Orlando, a la iglesia que pastoreaba Benny Hinn, un día domingo. Claudio deseaba conocer personalmente a Benny Hinn, pero no sabía si podríamos acercarnos a él. Cuando llegamos, el pastor Benny estaba ministrando en la reunión. Mi primera sorpresa fue encontrar el mismo río de adoración y alabanza que vivíamos en nuestra iglesia y que no todos comprendían. Una atmósfera gloriosa se respiraba en aquel lugar. Recuerdo que al comenzar el tiempo de adoración mis rodillas comenzaron a temblar. Con cada acorde la presencia de Dios iba en aumento y mis rodillas temblaban más y más. Literalmente chocaban una contra la otra sin que pudiera controlarlas. La situación me superaba. Todo era tan intenso y tan precioso.

En un momento, Benny Hinn comenzó a ministrar a la gente y preguntó: "¿Cuántos están aquí por primera vez?" Cada uno de los visitantes se identificaba diciendo de qué país venía. Nosotros levantamos tímidamente la mano y dijimos: "De Argentina".

Luego de unos minutos, Benny dijo: "Ustedes, los argentinos, vengan ahora a la plataforma". De todos los representantes de tantos países a los únicos que llamó fue a nosotros. Corrimos hacia la plataforma, y al llegar él tocó la mano de Claudio, y quedó tendido en el suelo como si hubiese recibido una descarga eléctrica.

> *A medida que descubrimos lo que Dios ha puesto dentro de nosotros, podemos sentir que somos importantes en su plan y que nuestra vida tiene un propósito divino.*

Claudio nunca se había caído cuando oraron por él. Estaba acostumbrado a verlo cuando oraba en las campañas del hermano Carlos Annacondia y cientos caían al suelo tocados por el Señor; pero él mismo nunca había tenido esta experiencia. En ese momento quedó tendido como si su cuerpo se hubiese quedado sin fuerzas. Finalmente lo bajaron de la plataforma como si fuera una bolsa de papas. Al comienzo me asustó verlo así, pero luego sentí la presencia de Dios. Su toque increíble.

Cuando la reunión terminó, insistimos en saludarlo para despedirnos. Salió de su oficina, y de lejos, levantó la mano y nos dijo: "Ustedes, argentinos, que

Dios los bendiga. Le diré a uno de mis colaboradores que les entregue unos vídeos para que vean". Luego le tocó el hombro a Claudio y le dijo: "Te sorprenderás con lo que va a suceder". Y eso fue todo.

Regresamos a Argentina sin tener idea de lo que habíamos recibido.

UNA CHARLA CON EL ESPÍRITU SANTO

Por aquel mismo tiempo, Dios había tenido un trato muy especial conmigo. Muchas vivencias de Claudio y mías se estaban conjugando para dar comienzo a una nueva etapa sorprendente y gloriosa.

Cada año asisto a un retiro para esposas de pastores de las Asambleas de Dios, en la ciudad de Mar del Plata, Argentina. Siempre me gusta participar y estar en comunión con las demás esposas de pastores, ya que con muchas de ellas tengo un fuerte lazo de amistad.

Esa noche me tocó compartir la habitación con Graciela Prein, y pensé: "Qué bueno que voy a estar con ella. Podremos hablar de los niños, de la iglesia", y me preparé para conversar. Pero cuando llegué esa noche a la habitación, ella estaba profundamente dormida.

Entonces me senté en mi cama y le dije al Señor: "Como mi amiga está dormida, voy a hablar contigo". Tomé mi Biblia y comencé a hablar con el Señor, pero lo hacía con cierta resignación, por no poder hablar con Graciela. ¡Pero el Señor sí quería hablar conmigo! Y lo hizo esa noche. Él había tomado en serio esa conversación y me llevó al capítulo cuarenta y nueve de Isaías. Cuando lo leí, oí como una voz, la del Espíritu Santo, que comenzó a decirme: "Yo te escogí desde el vientre de tu madre", tal como está escrito en el pasaje. Luego, unos versículos más adelante, el Espíritu Santo me dijo, aplicando la Palabra: "Te escogí para que seas mi sierva, desde el vientre de tu madre te guardé y te llamé". En ese instante, mi corazón se quebrantó y comencé a llorar.

El Señor me estaba revelando una situación que nunca supe: "Hubo algo que sucedió en tu nacimiento, y yo extendí mi mano y te di vida, porque tengo un propósito para ti". En los versículos siguientes dice: "Te di por luz a las naciones". Aunque yo no entendía a qué se estaba refiriendo, Dios ya me estaba hablando acerca del ministerio a las naciones.

> *"Te escogí para que seas mi sierva, desde el vientre de tu madre te guardé y te llamé."*

Aquella noche entendí que durante el embarazo de mi madre había ocurrido algo que por poco impide mi nacimiento. Fue tan fuerte la voz de Dios, que lo primero que hice al regresar a mi casa fue abrazar a mi mamá y pedirle que me contara qué sucedió cuando ella estaba embarazada de mí.

Los ojos de mi madre se llenaron de lágrimas y me relató una historia desconocida para mí: "Cuando quedé embarazada de ti, no sé por qué razón comenzaron a atacarme cosas en mi cuerpo. Había perdido la vista, estaba tan mal que a medida que avanzaba el embarazo tuvieron que internarme. Me daban suero y hasta me ataron en una camilla porque me agarraban ataques como de locura, de desesperación, gritaba, no podían controlarme. Luego de hacerme varios estudios y ver que mi salud se deterioraba, los médicos decidieron que debían practicarme un aborto porque mi vida corría peligro. Tenía subas de presión que se tornaban cada vez más peligrosas para mí y para el bebé. *Este embarazo no puede seguir adelante*, me decían los médicos".

Mi mamá ya había tenido tres hijos; pero durante este embarazo parecía tener todo en contra para que no continuase. Los médicos declararon la necesidad de un aborto terapéutico. Mi papá firmó la autorización para realizarlo, y habló con mi mamá explicándole que podrían tener muchos hijos más adelante, pero que en ese momento él no quería perderla a ella. Dadas las circunstancias, mi papá pensó que era mejor perder ese bebé, que él la consolaría, y que más adelante, si Dios así lo disponía, tendrían otro hijo. Pero mi mamá, cuando nadie la vio, se escapó de la clínica y bajo ninguna circunstancia aceptó que le quitasen ese bebé. Ella fue valiente y Dios la respaldó en su propósito.

Cuando mi mamá me contó la historia lloramos juntas, nos abrazamos, y el Señor comenzó una sanidad en ella. Desde ese tiempo nació entre nosotras una unión más fuerte. Algo se terminó de romper y sanar entre ella y yo.

Dos cosas quedaron grabadas en mí: el Señor me había guardado de la muerte, y me abría un camino por el que me llevaría hasta lo postrero de la tierra como luz a las naciones. Así me le había hecho saber aquella noche a solas. El Espíritu Santo estaba cargando sobre mi corazón una gloria especial que aún no había sido manifestada.

MANIFESTACIONES ASOMBROSAS

Luego de aquella maravillosa charla con el Espíritu Santo y de tomar conocimiento de tantas cosas que Dios me reveló, comencé a sentirme diferente. La unción estaba sobre mi vida. El Espíritu Santo estaba generando en mí un proceso de transformación, como si algo se destapara y comenzara a salir con fuerza. Yo sabía que era un trato del Espíritu Santo, pero no tenía idea de lo que estaba gestándose en cuanto al ministerio que Dios nos había preparado.

A las pocas semanas, ya de regreso de Orlando con Claudio, después de aquel glorioso servicio con el pastor Benny Hinn, el círculo pareció cerrarse.

Durante la reunión del domingo, cuando oramos, el ambiente espiritual comenzó a cargarse de gloria. Y comenzaron a suceder manifestaciones impresionantes e increíbles del Espíritu Santo, que en un primer momento nos daban temor, porque jamás las habíamos experimentado. La gente pasaba al altar llorando quebrantada, algunos rodaban por el piso, otros reían con un gozo que parecía venir del cielo y otros, como si estuvieran borrachos, no podían sostenerse en pie. Muchos estaban tendidos en el suelo con rostros de paz que evidenciaban un encuentro con Dios.

Muchos que eran tocados por Dios no podían hablar en su propio idioma, comenzaban a hablar en lenguas, a tener visiones, a experimentar un éxtasis tal que debíamos llevarlos a sus casas porque casi no podían caminar.

Nunca habíamos visto un mover así, ni habíamos leído hasta entonces que estas cosas sucedían en tiempos de renovación y avivamiento.

Cientos de personas hacían fila fuera de la iglesia para intentar ingresar en las reuniones siguientes. Pasábamos todo el día ministrando y nos íbamos a casa a la madrugada. Todos querían recibir lo que Dios nos había dado.

NUEVOS ESPACIOS

Las multitudes, pastores de muchas denominaciones con sus congregaciones enteras, venían de visita a nuestra iglesia para beber del río de Dios. Pero nuestro salón era muy pequeño para tantos. Debimos, en primera instancia, alquilar todas las semanas el estadio cubierto del club Obras Sanitarias, para cinco mil personas, con el fin de canalizar las visitas y que nuestra congregación pudiese entrar a su propia iglesia.

Los pastores de todo el país le pidieron a Claudio que hiciéramos un evento en el estadio cubierto Luna Park, el más grande en su tipo de la ciudad de Buenos Aires. Pensamos que con esa capacidad sería suficiente. Cuando llegó el día, era tanta la gente que quería entrar, que el dueño del lugar puso personal de seguridad por temor a que la capacidad fuese desbordada. Se hicieron dos reuniones seguidas (la prevista y una adicional) y aún así miles quedaron en la calle. El prestigioso diario "La Nación" estimó que la cantidad de gente que había cortado las avenidas que rodean al estadio rondaba las treinta y dos mil personas. Dios siempre nos sobrepasaba y nos asombraba. Todo lo que Él hacía era mucho más grande que lo que podíamos imaginar.

Como pronto se acercaba el Viernes Santo, los pastores propusieron organizar una gran reunión en un estadio de fútbol. Así se concretó la reunión en el estadio Vélez Sársfield, que había sido utilizado en el mundial de fútbol de 1978.

El día llegó, y antes de salir de casa nos tomamos de la mano para orar. Nos preguntábamos: "¿Irá la gente?" Nuestra oración fue sencilla, desatamos las multitudes y esperamos en Dios. No teníamos idea de lo que iba a suceder. La hora se aproximaba y nos informaban que la gente se acercaba al estadio. "Las tribunas se están llenando", nos decían.

Cuando llegó la hora de comenzar la reunión, el pastor Sergio Marquet dijo: "El estadio está repleto". Para Claudio y para mí fue algo tremendo salir entre tanta gente. La plataforma estaba ubicada en el centro del campo de juego, y para llegar debíamos cruzar el campo. Las puertas de acceso al estadio tuvieron que ser cerradas porque la capacidad ya estaba colmada y muchos no pudieron ingresar. Las alabanzas sonaban como un estruendo. Lo que vivimos ese día fue una gloria que aún tengo grabada en mi mente. En aquel estadio nos congregamos sesenta y cinco mil personas para vivir una fiesta espiritual sin precedentes. Otras cinco mil lamentablemente no pudieron ingresar. Esa multitud de las tribunas quería recibir lo que estábamos experimentando en nuestras vidas. Tenían hambre y pasión por el Espíritu Santo.

TESTIMONIOS DEL PODER DE DIOS

¿Cuáles eran los resultados de esta visitación? Sencillamente ¡impresionantes!

Recogíamos a diario testimonios de todo tipo. Aún los escuchamos. Esta visitación del Espíritu Santo a la Iglesia era fundamentalmente restauradora, renovadora en el sentido más amplio de la palabra.

Venía a remover del corazón de los cristianos la apatía, el costumbrismo, las frías tradiciones y el profesionalismo religioso.

Venía a glorificar a Cristo y guiarnos a toda la verdad. A modificar esa triste paradoja de vivir un cristianismo sin Cristo. A sacudirnos del estancamiento y la mediocridad, para llevarnos a dimensiones de poder espiritual, de conquista, de fruto del Espíritu Santo. Sí, era dejar a un lado lo carnal, lo que el hombre maneja y controla, para dejarnos llevar por el Espíritu Santo a un nuevo encuentro con Dios, maravilloso y sorprendente.

Para muchos cristianos implicaba casi "una nueva conversión". Testificaban que sus corazones se habían alejado de Dios y muchos estaban sumidos en depresión y tristeza. En estos servicios de gloria, el Señor destapaba la fuente de vida en sus corazones y el gozo de Dios, y su victoria sobre el pecado, irrumpían de su interior como ríos caudalosos. Parecía que se hubieran convertido ayer, estaban en el fuego del primer amor.

¡Cuántos hijos de pastores, con toda una vida dentro de la iglesia, tuvieron su verdadero encuentro con Dios a causa de este mover! Muchos fueron llamados por Dios e ingresaron al seminario bíblico.

Los pastores mismos, cientos de ellos, venían a las reuniones con una sed impresionante. Recuerdo que, al no entrar ni un alfiler en el salón, los ubicábamos uno al lado del otro en la plataforma, alrededor de Claudio que estaba ministrando, para recibir de Dios. Muchos llegaban agotados física y espiritualmente por las duras batallas del ministerio. Otros eran llamados por Dios a un nuevo ministerio.

Recuerdo un jovencito que venía a beber del Señor en nuestras reuniones. En una de esas noches, Claudio, bajo la unción del Señor, oró por su vida y le profetizó un ministerio de multitudes hacia los jóvenes. Le anunció grandes cruzadas y un liderazgo espiritual como pastor de jóvenes. A los pocos meses la Palabra ya se estaba cumpliendo. Su ministerio fue levantado por Dios poderosamente. Realizó grandes cruzadas en los principales estadios de fútbol de Buenos Aires, del interior del país y aún por las naciones del mundo.

En una cruzada que realizamos en la ciudad de Resistencia, en la provincia de Chaco, asistió un hermano que, por aquel tiempo, trabajaba en el área de las comunicaciones. Era sólo un cristiano fiel que se congregaba en una iglesia, pero el poder de Dios lo alcanzó y revolucionó su vida. Recibió también palabras específicas del Señor. Diez años más tarde está pastoreando la iglesia más grande de la ciudad, con alrededor de diez mil miembros. Con un sistema de células de evangelización y grupos de doce, está causando un impacto sin precedentes en la ciudad.

Cientos de pastores y líderes testificaron haber vuelto al primer amor con Jesús. Sus vidas de oración fueron renovadas. Pasaban horas sobre sus rodillas. La Biblia volvía a convocarlos para extraer sus tesoros. Y lo mismo que recibían de nosotros, lo llevaban a sus congregaciones con un efecto multiplicador.

La clave está en esa relación personal con la tercera Persona de la Trinidad, que es en definitiva quien nos cambia y nos reviste de poder y autoridad para ser testigos de Jesucristo.

Era el poder de Dios levantando a su Iglesia. Sanándola, despertándola a la realidad de Jesús en medio de ella y capacitándola con dones para hacer la obra.

Los milagros de sanidad eran algo corriente cada noche. Enfermedades incurables, como cáncer o lupus, fueron sanadas por el poder de Dios.

Hubo nuevos ministerios que se levantaron en aquellos días al encenderse con el fuego de Dios, y varias congregaciones testificaron haber duplicado su membresía en un lapso de días. ¡Todo era glorioso!

Había tanto hambre que los pastores y congregaciones se reunían para ver los vídeos de nuestras cruzadas y el mismo fuego caía en aquellas reuniones. Algunas veces lo llamaban a Claudio por teléfono y le decían: "Aquí estamos un grupo de hermanos reunidos, ore por nosotros". Y así, por teléfono, recibían el fresco toque de Dios.

Pasaría horas contando todo lo hermoso que el Espíritu Santo hizo y hace en nuestras vidas cuando le damos el lugar que le corresponde.

La clave está en esa relación personal con la tercera Persona de la Trinidad, que es en definitiva quien nos cambia y nos reviste de poder y autoridad para ser testigos de Jesucristo.

Esta visitación de lo alto es la que nos levanta como Iglesia a un nuevo sitio de autoridad y conquista.

¡LEVÁNTATE Y CONQUISTA!

Éste es el día de irrumpir, de soltar la potencia de Dios que está en nosotros. Ya no podemos retenerla. La imagen de Dios que está en ti desea fluir de tu corazón. ¡Suelta el poder de Dios! Y los yugos que te ataban se romperán definitivamente.

Dios quiere levantar lo que estaba detenido, aquello que el enemigo trató de tapar, de distraer, para que no cumplas con el llamamiento santo, con el propósito que Dios tiene para tu vida.

Como dijimos, Débora tipifica a la Iglesia de estos

tiempos. Dice la Biblia que ella se levantó: "Las aldeas quedaron abandonadas en Israel, habían decaído, *hasta que yo Débora me levanté, me levanté como madre en Israel*" (Jue 5:7, énfasis añadido).

En un tiempo de crisis, de decaimiento espiritual, de opresión, Débora se levantó de la mediocridad "como madre en Israel". Así Dios está levantando una Iglesia victoriosa, llena de poder y de amor por Cristo, para irrumpir en cada ciudad, en cada nación.

> *Dios quiere levantar lo que estaba detenido, aquello que el enemigo trató de tapar, de distraer, para que no cumplas con el llamamiento santo, con el propósito que Dios tiene para tu vida.*

Débora es una mujer que supo ejercer la autoridad que Dios le dio. Que entendió que Dios la había sentado en lugares altos para ministrar al pueblo.

Ella era, esencialmente, una mujer espiritual. Amaba al Señor con todas las fuerzas de su corazón y deseaba agradarle. Se había santificado, se había apartado para servirle. Gobernaba y juzgaba a la nación, y el pueblo subía al monte permanentemente para recibir su consejo.

Su nombre, Débora, quiere decir "abeja". Nos habla de una mujer laboriosa, sagaz, inteligente.

Dulce para sus amigos y dolorosa para sus enemigos.

Débora fue un instrumento en las manos de Dios porque ella conocía íntimamente su corazón. Era una mujer de oración que conocía los secretos de Dios. De esta manera, como profetisa, el Señor hablaba por su boca y manifestaba su voluntad al pueblo.

Aquí encontramos una clave fundamental para ser levantados por Dios: apartarnos para orar, para oír la voz de Dios. Jesús se apartaba de las multitudes para estar a solas con su Padre y luego predicaba y manifestaba el poder de Dios (Mr 1:35-39). Podemos tener dones, pero sin la oración los velos de incredulidad no caerán. Cuando oramos, Él nos refresca, nos alimenta, nos restaura por la obra del Espíritu Santo. Allí nos armamos con la armadura de Dios y vencemos en nuestras batallas espirituales. Le ordenamos al diablo que suelte lo que nos robó y suceden cosas tremendas en el campo espiritual y físico. ¡Necesitamos el poder de la oración! Recuerda: "No con ejército, ni con fuerza, sino con mi Espíritu, ha dicho Jehová de los ejércitos" (Zac 4:6).

Dios necesita hombres y mujeres de oración que clamen, que golpeen el trono de la gracia y la misericordia para alcanzar el oportuno socorro. Intercesores que giman en el Espíritu con dolores de parto, hasta dar a luz los hijos espirituales que vendrán como una gran cosecha.

Débora fue también una mujer de conquista. Representa a la Iglesia, la esposa del Cordero, que llena de fe y valentía, está dispuesta a enfrentar al enemigo.

El pueblo de Israel estaba viviendo una época de opresión. El rey Jabín y su capitán Sísara, con sus novecientos carros herrados y todo su ejército, tenían a la nación sometida.

Débora fue un instrumento en las manos de Dios porque ella conocía íntimamente su corazón. Era una mujer de oración que conocía los secretos de Dios.

Pero Débora tuvo Palabra de Dios. Mandó llamar a Barac y le dijo: "¿No te ha mandado Jehová Dios de Israel, diciendo: Ve, junta a tu gente en el monte de Tabor, y toma contigo diez mil hombres de la tribu de Neftalí y de la de Zabulón; y yo atraeré hacia ti al arroyo de Cisón, a Sísara, capitán del ejército de Jabín, con sus carros y su ejército, y lo entregaré en tus manos?" (Jue 4:6-7)

Barac es un símbolo de la duda, del temor y la desconfianza. Cuando Débora le da esta palabra, él dice: "Si tu fueres conmigo, yo iré; pero si no fueres conmigo, no iré" (Jue 4:8) ¡Mira que valiente!

Débora, por el contrario, no dijo: "¡Señor! Soy una mujer, no tengo fuerzas, soy débil..." Ella le contestó: "Iré contigo; mas no será tuya la gloria de la jornada que emprendes, porque en mano de mujer venderá Jehová a Sísara. Y levantándose Débora, fue con Barac a Cedes" (Jue 4:9).

"Y levantándose". ¡Allí vemos representada a la Iglesia que se levanta y conquista! Y Débora lo exhortó a Barac para tomar la victoria: "¿No ha salido Jehová delante de ti?" (Jue 4:14). ¡Y la victoria del pueblo de Israel fue completa! Porque hubo una mujer que le creyó al Señor.

Éste es el tiempo en que Dios te levanta y te pone en evidencia como a Débora, para que seas una influencia poderosa de Dios en tu comunidad.

Ésta es una palabra también para todas las mamás solas, que no tienen un marido a su lado en quien recostarse y sentirse protegida. Quiero decirte: No estás sola. Tu Dios es tu marido. ¡Él está contigo! Él ha prometido ser tu sostén, tu fuerza, y te va a levantar como a Débora sobre todas tus dificultades.

LUZ A LAS NACIONES

Quizás te has mirado con menosprecio. Sólo has visto tus limitaciones, tus propias fuerza humanas. ¡Pero Dios quiere sorprenderte!

Luego de todas las reuniones gloriosas que tuvimos en aquellos meses de 1992, el Señor trajo a luz el ministerio a las naciones. Después de la reunión en el estadio de Vélez Sársfield, hicimos nuestro primer viaje para llevar este fuego a otra nación. Y las invitaciones comenzaron a llegar desde todas partes del mundo: Alemania, España, Chile, Hungría, Inglaterra, Burkina Fasso... Se unían cientos de pastores en una ciudad y nos invitaban para compartir esta visitación de lo alto.

No podíamos entender cómo nos invitaban de

tantos lugares, si nunca habíamos escrito un artículo en un periódico o revista reconocida. ¿Cómo sabían de nosotros desde tierras tan lejanas? Luego descubrimos que nuestros vídeos recorrían el mundo. Que muchos que participaban en nuestras cruzadas los enviaban a familiares en el exterior del país y al ver la cinta recibían el toque de Dios, junto a sus iglesias y sus pastores. Evidentemente era el Espíritu Santo quien "nos promocionaba". Y así debe ser, Él es quien nos levanta. El Señor nos abrió un panorama a las naciones que no estaba en nuestros cálculos.

> *Éste es el tiempo en que Dios te levanta y te pone en evidencia ... para que seas una influencia poderosa de Dios en tu comunidad.*

Éste es el tiempo de Dios para tu vida. Él quiere visitarte y abrir un nuevo camino delante de ti.

Te invito a hacer esta oración:

"Padre santo, en este día proclamo que estoy reinando con Cristo en las alturas. Proclamo que tu gracia me levanta más y más, y me pone en evidencia. Me uno al Espíritu de Cristo y te ruego poder vivir una relación profunda e íntima con el Espíritu Santo. No quiero ya mirar con mis ojos, quiero ver con los tuyos. Sí Señor, me declaro un conquistador. Recibo

tu autoridad y tu propósito eterno. ¡Irrumpe con tu presencia dentro de mí! Todo mi ser ahora entra en el río de Dios. Entro en el camino de santidad para que descienda tu poder.

¡Límpiame Señor! Quiero ser una persona espiritual, sensible a tu voz. Declaro por fe que comienza una nueva etapa en mi ministerio. Un ministerio con dones, sin límites, un ministerio de Palabra, de fe. Nadie podrá ahogar la potencia de Dios que está en mí. ¡Declaro la victoria sobre todos mis enemigos y mis dificultades! Recibo tu gran avivamiento en mi corazón. ¡Gracias Señor! En el nombre de Jesús, amén."

EL FUEGO
DE DIOS
EN EL HOGAR

"*El Señor nos ha abierto una gran puerta a las naciones. Las palabras proféticas se están cumpliendo en detalle. Cada día llegan más invitaciones y nuestra agenda está muy cargada. Adondequiera que vamos, el Señor nos respalda y quedan hermosos testimonios de avivamiento y salvación. Pero en mi corazón siento una gran carga por mis hijos. ¿De qué me sirve ministrar en tantas naciones, y ver tantas iglesias y personas transformadas, si mis propios hijos se pierden? ¡Ellos son mi primer ministerio y lo más precioso de mi vida! Necesito que Dios me hable porque no sé cómo debo seguir.*"

8

Ése fue mi clamor cuando mis tres hijos estaban en pleno crecimiento. Una y otra vez le decía al Señor: "¿De qué nos sirve ganar el mundo, si en nuestra casa nuestros hijos se pierden?"

Éste es el clamor de muchos siervos de Dios en diferentes partes del mundo. Viven angustiados, a veces sintiéndose condenados y descalificados, porque sus hijos no están bien con el Señor. ¡Pero nuestro Dios es fiel y poderoso!

Él me habló claramente. Me dijo con sencillez: "No te preocupes, descansa, cree en mí". Y me fue confirmando de muchos modos que Él tenía mi hogar bajo su control.

A veces yo le decía: "Señor, tú me has sacado por un tiempo importante de mi casa. He sido obediente a tu voz, pero tú sabes que mis hijos son el primer ministerio. Señor, necesito ver tu mano de fidelidad en mi casa y tener tiempo para ministrarlos y discipularlos. Yo he puesto mi parte, ahora quiero ver tu unción obrando en mi hogar".

En los primeros meses de 1998, durante un retiro espiritual de la iglesia, el Señor me dio una visión. Me mostraba el Espíritu Santo de Dios entrando en mi casa. Pude ver al Espíritu Santo como una llama de fuego sobre la cabeza de mi hijo Sebastián, que tenía dieciséis años, y también sobre el resto de la familia. Luego vi como el mismo fuego de Dios se encendía en los pisos de mi casa y en las paredes. Y mis tres hijos, con sus manos levantadas, estaban bajo ese fuego.

En aquel momento les dije a las hermanas que estaban participando del retiro: "Prepárense, porque este año la misma unción que está sobre nuestras vidas, va a caer sobre nuestros hijos. Ellos van a comenzar a profetizar, van a santificarse, a consagrarse. El Señor me dice que este año va a tocar nuestras casas". Una hermana que estaba allí también confirmó la visión.

Éste es el fuego que viene también sobre tu casa, sobre tus hijos y sobre todas tus generaciones. Es el fuego que santifica y transforma.

A partir de allí, en cada reunión comencé a declarar que la unción de Dios es para nuestras casas, para la salvación de toda nuestra familia.

CIELOS ABIERTOS EN OREGÓN

En el mes de julio de 1998 tomamos un tiempo de vacaciones para estar todos juntos en familia.

Habíamos estado predicando en Estados Unidos y aprovechamos el viaje para pasar unos días de descanso en Oregón.

La última noche de esas vacaciones, Claudio me dijo que deseaba participar de la Santa Cena con nuestros hijos. Nunca lo habíamos hecho antes, pero el Señor le había puesto en el corazón hacerlo aquella noche. Entonces preparé el pan y el jugo de la vid y no les dijimos nada, porque queríamos que fuese una sorpresa para ellos.

Cuando nos reunimos, Claudio abrió las Escrituras y comenzó a leer el capítulo trece del Evangelio de Juan, cuando Jesús les lava los pies a sus discípulos. Claudio nos ministraba a la familia esta Palabra de Dios, acerca de cómo el Señor tomó el lugar del esclavo más humilde y otras ricas enseñanzas que nos llegaban al corazón.

Al terminar dijo: "Chicos, tengo una sorpresa para ustedes. ¡Hoy vamos a participar de la Cena del Señor en familia!" Entonces yo, levantándome, traje rápidamente el pan y el jugo de la vid. No imaginábamos que los sorprendidos seríamos nosotros.

Mientras estábamos en ese espíritu dulce y tierno de oración, repentinamente Sebastián se puso de pie y mirando a su papá, le dijo: "Papi, quiero decirte algo. ¿Me permitís que haga algo antes de la Cena del Señor?" "¿Qué querés hacer?", le preguntó Claudio sorprendido. "Quiero lavarte los pies, papá", le dijo él. Yo me quedé absolutamente asombrada. Sebastián por naturaleza es muy tímido. Sin embargo, estaba muy decidido. "Papá, yo necesito hacer esto. Quiero decirte cuánto te amo, cuánto te admiro y lo importante que sos para mí. Yo necesito humillarme delante de vos y pedirte perdón. Quiero desarraigar de mí todo orgullo. Papi, te amo con todo mi corazón".

En ese momento, Claudio comenzó a llorar. ¡No lo podíamos creer! Ezequiel (a quien decimos cariñosamente "Chiche", el más chiquito) fue corriendo a buscar algo para lavar los pies. Él se movió porque yo había quedado como paralizada por la emoción. Y allí comenzó todo.

El Espíritu Santo descendió sobre nosotros. Sebastián comenzó a decirle palabras de amor a su padre, mientras le lavaba los pies y humillaba su corazón delante de Dios.

"Mami, a vos también", me dijo. E hizo lo mismo con su hermana mayor, Daniela; y con su hermano más pequeño, Ezequiel. Había cosas íntimas de la familia que Dios estaba desnudando desde el corazón de Sebastián. Él estaba allí pidiendo perdón y hablando con sus hermanos temas puntuales, cosas de chicos, que el Espíritu Santo le traía a su memoria, y él quería arrepentirse mientras lavaba los pies. Entre ellos se abrazaban y se pedían perdón. En ese momento un espíritu de sanidad, de reconciliación y de amor nos cubría más y más. El Señor estaba obrando muy fuertemente.

"Ahora yo quiero lavarles los pies, hijo", le dijo Claudio. "Quiero decirles que también quiero pedirles perdón, que también necesito reconocer delante de ustedes que soy un hombre que puede fallar". Y me lavó los pies, primero a mí y luego a los chicos. Y lo mismo hice yo. Esa noche una tremenda gloria vino sobre nosotros como familia. ¡Una hora y media estuvimos llorando! Nos pedíamos perdón, nos abra-zábamos, nos besábamos, alabábamos a Dios...

Luego participamos de la Cena del Señor. Esos momentos son muy difíciles de describir, pero cierta-mente algo cambió. Era el día que Dios me había mostrado cuando me dijo: "Vengo a tu casa a cam-biar a tus hijos, a darles un ministerio de fuego como el que ustedes tienen en este momento".

El avivamiento comienza en nuestro hogar.

Luego de aquel viaje, Sebastián comenzó a predicar a los adolescentes. Él, un jovencito tímido, se paró ante cientos de adolescentes de la iglesia y predicó como un varón de Dios, con poder, mientras yo lo miraba con la boca abierta. Luego se involucró como líder de una célula y Dios lo usó en la enseñanza.

Al día siguiente de nuestra Santa Cena en familia, Claudio fue a Centroamérica a predicar. Mientras, yo me quedé con el niño más pequeño en la casa de unos hermanos, y nuestros dos hijos adolescentes, Daniela y Sebastián, fueron a un campamento en Oregón. Y el Espíritu Santo continuó su obra.

Daniela, durante el campamento, comenzó a tener fuertes experiencias con el Espíritu Santo. El Señor comenzó a darle palabras de conocimiento, palabras proféticas. Jamás había tenido esa experiencia. Daniela habla perfecto inglés, pero hay palabras muy específicas sobre enfermedades que ella no conoce. Sin embargo, una persona se enfermó en el campamento, ¡y ella estaba allí revelándole lo que tenía! "¿Cómo lo sabes, si no me conoces?", le preguntó aquel hermano. Sucede que ella estaba bajo la gracia del Señor. El poder de Dios estaba actuando en su vida con dones.

Los años han pasado y mis tres hijos ya están en su juventud. ¡Y los tres en el camino del Señor! Daniela se casó y está pastoreando a un grupo de jóvenes en Canadá, junto con Chad, un precioso varón que Dios le dio. Sebastián está en Estados Unidos en la Universidad Oral Roberts, preparándose para servir al Señor. Y Ezequiel, el más pequeño, acaba de entrar a la universidad y crece día a día en el conocimiento de Dios. Él tiene una clara Palabra de Dios respecto a un ministerio de fuego como el de su padre. ¡Dios es fiel!

Éste es el fuego que viene también sobre tu casa, sobre tus hijos y sobre todas tus generaciones. Es el fuego que santifica y transforma. El fuego que hace posible lo que tus ojos anhelan ver.

UN NUEVO DÍA PARA TU HOGAR

Nuestra familia es nuestro primer ministerio. Debemos pedirle al Espíritu Santo que transforme nuestro hogar y cerrarle la puerta al enemigo en sus mismas narices. Decirle con autoridad: ¡Esta familia es territorio del Señor!

Ana, luego de haber recibido el milagro de tener a Samuel, allí recién nacido fue a la casa del Señor y se lo entregó. A pesar de ser su único hijo, anhelado por tantos años, subió otra vez al monte, pero no para pedirle algo a Dios. Ella subió para ofrendar, para darle a Dios aquello que tanto le había pedido.

Ese niño recibió el manto profético. Mientras Samuel dormía, Jehová lo llamó por su nombre y le reveló sus palabras y sus planes. Así hará el Señor contigo. Entrega ahora lo que más amas: tus hijos, tu esposo, tu familia, y confía en la obra de Dios sobre sus vidas. ¡Conságralos, y Él te sorprenderá!

El avivamiento comienza en nuestro hogar. Él quiere visitarnos cuando dormimos, cuando nos levantamos, cuando preparamos un sermón, ¡y cuando estamos con nuestros hijos!

> *Como padres tenemos un fuerte llamado a interceder por nuestros hijos. Debemos bendecirlos con nuestras palabras.*

Quizás ellos están heridos por problemas de la iglesia, o porque no los supimos escuchar. Tal vez no estuvimos con ellos cuando más nos necesitaron. Humíllate, pídeles perdón y ponte de acuerdo con ellos en el altar de Dios. Ama a tus hijos y no los rechaces ni los maldigas.

A ese hijo rebelde, ¡el Señor lo cambiará! Ámalo, acéptalo tal cual es hoy y el Señor lo transformará. Es el Espíritu Santo quien convence y quien hará que el propósito de Dios se cumpla en esa niña o en ese joven.

Si eres una mamá, te digo de parte de Dios: ¡No llores más! Comienza a derramar lágrimas de gozo y ya no de dolor. ¡Basta de tristeza y desesperación! Jesús ha dicho que si crees, verás la gloria de Dios (ver Jn 11:40).

Mira tu hogar con nuevos ojos, con ojos de amor, con ojos de gracia y ternura. Abraza a tu familia con el amor infinito; sólo así permitirás que el fuego de Dios cambie tu hogar, y la atmósfera de tu casa sea transformada.

Ese perfume de alabanza que desciende en las reuniones de la iglesia, también descenderá para perfumar tu casa. ¡Está pronto a irrumpir! Pero la clave está en la restauración de la unidad a través del perdón y la reconciliación.

CÓMO CAMBIAR LA ATMÓSFERA DE NUESTRA CASA

¿Qué podemos hacer para cambiar ese clima tenso, irritable, de conflicto o de indiferencia, que afecta a tantos hogares? Son muchos los que llegan a su casa gozosos de la reunión y se encuentran con una realidad muy diferente en el hogar. Sus hijos, sus cónyuges, toda la atmósfera que se respira, poco tiene que ver con la presencia de Dios.

Como padres tenemos un fuerte llamado a interceder por nuestros hijos. Debemos bendecirlos con nuestras palabras. Durante años he enseñado a las mamás el tremendo poder que hay en la oración por nuestros hijos y he escuchado grandísimos testimonios. ¡Dios oye la oración de una madre!

El Señor dice que conoció y llamó a nuestros hijos desde antes que fuesen formados en el vientre (Jer

1:5). Por esta razón, desde el embarazo debemos orar por ese bebé que nacerá, y bendecirlo y consagrarlo a Dios.

Nuestros hijos, especialmente cuando son pequeñitos, demandan todo nuestro amor y todo nuestro tiempo. Ser madre es el primer y gran ministerio que tiene una mujer. No hay nada ni nadie que pueda suplantarnos en ese lugar de privilegio y debemos estar agradecidas a Dios por esto.

Dice la Palabra de Dios: "He aquí, herencia de Jehová son los hijos, cosa de estima el fruto del vientre" (Sal 127:3). Nuestros hijos son del Señor, son su herencia, su tesoro en la tierra.

Debemos poner nuestra lengua bajo el control del Espíritu Santo y pedirle a Dios que sea una fuente de vida.

Es cierto que hay hijos que son rebeldes. También están los que son más dóciles y obedientes. Algunos no dan ningún trabajo, mientras que otros ya desde que nacen no nos dejan dormir en toda la noche.

Cada hijo es una sorpresa porque es diferente. Tiene su propia personalidad. Por eso debemos guardarnos de proferir ciertas palabras como: "Nunca vas a cambiar", "Nunca vas a lograr nada", "Nunca te vas a casar"; y otras expresiones semejantes que, cargadas de amargura, producen un daño enorme en nuestros hijos. Son verdaderas maldiciones.

Nuestras palabras tienen poder. El apóstol Santiago

nos advierte acerca de la lengua. Dice que "ella misma es inflamada por el infierno" (Stg 3:6). Por eso en el mundo escuchamos palabras tan horrendas.

Y dice también Santiago: "De una misma boca proceden bendición y maldición. Hermanos míos, esto no debe ser así. ¿Acaso alguna fuente echa por una misma abertura agua dulce y amarga?" (Stg 3:10-11).

Debemos poner nuestra lengua bajo el control del Espíritu Santo y pedirle a Dios que sea una fuente de vida. Que mane agua dulce: palabras de bendición, amables, tiernas, respetuosas.

Pero si tenemos a Cristo en nuestra vida y llegamos a nuestra casa y comenzamos a decir: "¡Eres un idiota, un fracasado, nunca vas a cambiar!", en ese caso nuestro corazón es una fuente de agua amarga, una fuente de agua podrida. Estamos mezclando lo precioso de Dios, contaminando la fuente. Entonces debemos preguntarnos: ¿De dónde salió todo eso? ¿Qué pasa con mi corazón para que de él salga agua podrida?

Proverbios 4:23 dice: "Sobre toda cosa guardada, guarda tu corazón; porque de él mana la vida". Y Jesús mismo enseñó que de la abundancia del corazón habla la boca. Por eso es importante que todos los días le entreguemos a Dios nuestro corazón para que Él lo limpie y lo purifique. La sangre de Cristo es más fuerte que cualquier otro remedio y no importa cuán grandes o cuán oscuros hayan sido los pecados, ¡la sangre de Cristo tiene poder para limpiarlos para siempre!

Un corazón limpio, perfumado con el amor de Dios, desprovisto de rencores y resentimientos, lleno del gozo del Espíritu Santo, es una fuente de agua dulce para su casa.

Deja que Dios cambie tu corazón, que lo sane si es necesario para vivir en amor con tus seres queridos, para ver con nuevos ojos a tus hijos.

Dios quiere usarnos para cambiar la atmósfera de nuestro hogar. Creo que las mujeres tenemos un papel fundamental en esto. Si la atmósfera hogareña está electrizada por los nervios, la presencia del Príncipe de paz, a través de nosotras, tiene que ser real. No importa que suene el teléfono, el perro ladre, que nuestro niño pida comida, y nuestro marido diga: "¡Dame la camisa celeste!" y nos acordemos que está sin planchar. En ese momento, ¡alabemos a Dios!, ¡cantemos!; y el Señor nos dará la paz para cumplir con todas las expectativas. ¡Todo lo puedo en Cristo que me fortalece!

Dios te ha llamado a bendecir a tu familia.

Deja que Dios cambie tu corazón, que lo sane si es necesario para vivir en amor con tus seres queridos, para ver con nuevos ojos a tus hijos.

Éste es el tiempo en que se cumple la Palabra: "Él hará volver el corazón de los padres hacia los hijos, y el corazón de los hijos hacia los padres..." (Mal 4:6).

¡El gran avivamiento viene a tu casa!

Te invito a hacer esta oración:

"Padre, vengo como Ana a entregarte mis hijos y todo mi hogar. Los traigo a tu altar, los consagro a ti. Quiero ver con mis ojos el fuego de Dios sobre sus cabezas. Quiero ver sus bocas llenas de la Palabra de Dios. Quiero ver los dones del Espíritu actuar sobre ellos. A los que más amo, los traigo a tu altar. Perdóname si no clamé por ellos. Perdóname si no fui una fuente de agua dulce para sus vidas. Perdóname si no los miré con ojos de amor y de fe. En este día yo te pido: enciende el fuego sobre la ofrenda. Que tu unción poderosa se desate en mi casa. ¡Que cambie la atmósfera de mi hogar! ¡Que venga el avivamiento a mi familia! Trae tu restauración. Trae la reconciliación. Derrama tu aceite sobre las heridas. ¡Danos un nuevo corazón! Llena con tu gloria mi casa. Proclamo que mi familia es territorio de Dios. Y mi casa y yo serviremos a Jehová. Lo creo y lo declaro, en el nombre de Jesús. Amén."

LUZ A LAS NACIONES

"Estamos con Claudio ministrando la Palabra de Dios y el fuego del Espíritu Santo en grandes estadios alrededor del mundo.

Cuando veo esas multitudes, retrocedo en el tiempo y me parece verme otra vez en aquel viejo patio de Parque Chás, con sus pisos gastados. Veo a esa jovencita quebrantada en su desierto, sufriendo el menosprecio de muchos que decían: "¿Puede estar Dios en este lugar?"

Puedo verme tomada de la mano de Claudio y cayendo de rodillas para llorar de tristeza delante de Dios. Sintiendo por momentos que no había nada que nos infundiera un hilo de esperanza. Esas paredes viejas, esa iglesia vacía...

¡Pero Dios nos visitó! Aquello que nunca habíamos pensado, aquello que jamás habíamos imaginado, ¡es lo que Dios tenía preparado para nuestras vidas! Veo ahora estas multitudes, estas naciones del mundo alcanzadas por nuestro ministerio y digo: ¡Señor, ciertamente tus pensamientos son más altos que nuestros pensamientos!"

9

Dios nos mostró que Él es quien todo lo puede. Que, a su tiempo, abre las puertas de bendición y prosperidad que tiene preparadas para nosotros. Y cuando Él las abre, ¡nadie las puede cerrar!

Muchas veces el dolor y la esterilidad espiritual hacen que no veamos lo que Dios tiene por delante. Pero quiero decirte que, aunque tus ojos no lo vean, la visitación de Dios ya ha venido sobre ti, ha comenzado a moverse. El poder de Dios ha comenzado a quebrantar aquellos yugos que te esclavizaban al fracaso. Prepárate para recibir todo lo que Dios tiene para ti. Y no le pongas ningún límite.

Recuerdo que años atrás, en pleno desierto ministerial, nos visitó un tío mío, un verdadero profeta de Dios. Vino a orar con nosotros en nuestra pequeña iglesia. Esa tarde se paró frente al templo. Lo llamó a Claudio y le dijo: "Cierra tus ojos. Dime qué ves". Claudio le respondió: "Nada, sólo veo sillas vacías". Mi tío le contestó: "El Señor me está mostrando multitudes. Están viniendo Claudio. Sí, son multitudes..."

La paradoja del momento era que mi tío nos estaba visitando durante uno de nuestros servicios, ¡al que no había asistido ninguna persona!

Muchas veces yo me sentaba en la primera fila como única asistente y Claudio predicaba. Nunca dejábamos de hacer el servicio para el Señor. La mayoría de las veces se sumaban nuestros padres y algún pariente más, pero eso era todo. ¡Quién hubiera pensado que esa palabra profética se cumpliría!

El ministerio a las naciones se asomaba en el horizonte de Dios y el Señor nos lo anticipaba de muchas maneras.

En Isaías 49:6 el Señor me había dicho de modo muy personal: *"Te di por luz a las naciones"*, pero unos pocos meses después, a fines de 1992, otra palabra profética terminó de sorprenderme.

Nos encontrábamos en plena visitación del Espíritu Santo, disfrutando de un mover de Dios que convocaba a cientos de hermanos y pastores a una renovación espiritual. Las reuniones en el estadio Obras Sanitarias, para cinco mil personas, era semanales (todos los martes). Y ocasionalmente le sumábamos algún día el fin de semana.

Por aquel tiempo, el pastor Edgardo Silvoso organizaba en Argentina la conferencia internacional del ministerio Evangelismo de Cosecha, y muchos de los participantes de la conferencia, incluso predicadores de la misma, se hicieron presentes en el estadio para recibir el fuego de Dios. Entre ellos estaba una sierva del Señor con un fuerte ministerio profético, la hermana Cindy Jacobs.

En ese entonces no la conocía ni había oído hablar de ella. Sin embargo, Dios le dio una palabra para nosotros que, en un primer momento, me pareció una locura.

Se acercó a mí en el estadio y a través del traductor, comenzó a decirme de parte de Dios: "El Señor me dice que los levanta a Claudio y a ti, como un rompehielos, como abridores de caminos. Dios los envía a las naciones de la tierra. Los envía a naciones e iglesias de rostros adustos y corazones duros y fríos como el mármol. El Señor usará a Claudio con un ministerio de fuego que traerá gozo y victoria al pueblo de Dios y te usará a ti con un ministerio de sanidad para los corazones".

Hasta ese momento la escuchaba con sorpresa y atención, pero luego ella comenzó a mencionar todas las naciones a las que Dios nos enviaría. Era una lista que parecía interminable. Naciones de África, de Asia, de Europa, de los cinco continentes. Países que me parecía insólito visitar. Recuerdo especialmente que en esa larga lista mencionó a Checoslovaquia y pensé: "¿Checoslovaquia? Esta mujer está loca". En mi mente natural no podía creerlo. Con Claudio nunca viajábamos a ningún lado. Ni siquiera íbamos a Uruguay que es el país vecino más cercano a la ciudad de Buenos Aires.

Claudio no quería viajar para no faltar a la iglesia los fines de semana. ¿Viajar a las naciones del mundo? ¿Ir a Checoslovaquia? ¡Imposible! Recién nos empezaban a llegar invitaciones desde diferentes provincias argentinas para realizar cruzadas de avivamiento y evangelización en estadios, y ya nos parecía un desafío enorme.

Pero en esa misma semana, la hermana Suzette

Hatting, del grupo de intercesión del evangelista mundial Reinhart Bonnke, le trajo también una Palabra de Dios a Claudio: "Las naciones. Dios dice que te prepares. El Señor te envía".

TESTIGOS DE SU FIDELIDAD

Quiero decirte que cada palabra que Dios puso sobre tu corazón, cada palabra profética que se ha declarado sobre tu vida, se cumplirá hasta el más mínimo detalle mucho antes de lo que tú piensas.

Doy testimonio de que esto es así. Te he hablado de mis comienzos en el ministerio y de mi propio corazón, para que entiendas que éste no es un llamado para unos pocos. Muchos piensan: "Ellos son muy especiales. Nada de eso sucederá en mi vida". ¡Despierta! No es así. Dios tiene grandes planes para ti. Tienes que derribar esa muralla de excusas y argumentos que te impide ver con los ojos de Dios.

Las invitaciones de Europa, América latina, Estados Unidos y de otras partes comenzaron a llegar. Estadios e iglesias abarrotados de gente nos esperaban por doquier. No dábamos abasto. "Los pastores de la ciudad estuvimos orando y sentimos que tienen que venir aquí, que Dios hará algo grande", solían decir al invitarnos. Muchos nos reclamaban con urgencia, nos instaban a ir de tal manera que podíamos sentir lo mismo que el apóstol Pablo cuando tuvo la visión en Troas y observó a un varón decir: "Pasa a Macedonia y ayúdanos" (Hch 16:10).

Las valijas y los aviones se hicieron parte de mi vida con un ritmo vertiginoso, donde debía repartirme entre mi familia, nuestra iglesia y las naciones.

El ministerio que Dios nos había anticipado era ahora una realidad palpable.

Pasó el tiempo y me encontré por tercera vez predicando con Claudio en la República Checa. Estaba ministrando en un estadio colmado de mujeres. Y allí, en la plataforma, Dios me habló al corazón. En realidad me hizo una humorada. Me dijo: "¿Y? ¿No era que nunca ibas a predicar en Checoslovaquia?" Y por supuesto, me reí con el Señor y lo alabé por su fidelidad.

Dios tiene grandes planes para ti. Tienes que derribar esa muralla de excusas y argumentos que te impide ver con los ojos de Dios.

Cuanto más viajábamos, más comprobábamos el cumplimiento de aquella profecía de la hermana Cindy. Yo era una testigo presencial, de primera fila, de todo cuanto Dios nos había adelantado.

En uno de nuestros viajes fuimos a Canadá y visitamos una iglesia que parecía ajustarse perfectamente al cuadro que encontraríamos recurrentemente en nuestro ministerio a las naciones.

Los rostros se veían duros, la frialdad espiritual se sentía en el aire. Aquellos hermanos no conocían nada de Claudio, ni siquiera lo habían visto en algún vídeo. Yo oraba en mi banco y no veía cómo podría Dios hacer algo en aquel sitio. Ninguno de los presentes, a simple vista, parecía interesado en buscar el fuego del Señor para su vida.

Sin embargo, bastó que Claudio se pusiera en pie en la plataforma y, sin pronunciar palabra, la gloria del Señor comenzó a manifestarse en aquel lugar. La gente comenzó a caer al piso tocada por el Señor. Las voces se levantaron para orar. Un quebrantamiento espiritual vino sobre muchos corazones, y sin saber cómo me encontré en una reunión de avivamiento y consagración. ¡Qué tremendo! El Señor verdaderamente le había dado a Claudio un ministerio de "rompehielos", un ministerio de abrir caminos y estanques en tierras secas.

Esa misma experiencia se repetía en muchísimos lugares adonde viajábamos. Y siempre la unción, el maravilloso respaldo de Dios, estaba sobre mi esposo y sobre mí, de una manera gloriosa.

En 1994 fuimos invitados para realizar una gran cruzada en El Salvador, en Centroamérica. Unos pastores de esa nación concurrieron a las reuniones en nuestra iglesia y el Señor transformó sus vidas. De regreso a su país llevaron algunos vídeos de nuestro ministerio y los compartieron con los otros pastores de la ciudad y se pusieron de acuerdo para organizar una gran cruzada en el Estadio Olímpico "La Flor Blanca", el más grande de la ciudad capital, con capacidad para cuarenta y cinco mil personas.

En sólo tres meses se llevaron adelante todos los preparativos y viajamos a aquel país centroamericano con todo nuestro equipo de alabanza.

El Salvador había sufrido una devastadora guerra contra la guerrilla y las secuelas eran evidentes. Además de la gran pobreza que era notoria en las calles, era difícil encontrar un salvadoreño que no tuviese un familiar muerto como consecuencia de esa terrible guerra. Aún se respiraba un clima de inseguridad, y organizar esta cruzada en un estadio abierto representaba todo un desafío. Pero Dios nos daba la oportunidad de llevar el bálsamo del Espíritu Santo a muchos corazones que estaban dolidos y quebrantados.

Finalmente el gran día llegó. Arribamos al estadio media hora antes del inicio de la cruzada. Los pastores organizadores nos estaban esperando. La reunión comenzaría a las tres de la tarde y le dijeron a Claudio que no debía extenderse más allá de las seis porque la gente, por seguridad y por falta de transporte, se retiraría indefectiblemente a esa hora, dejándolo sólo.

Aprendí algo nuevo como esposa de pastor: guardé esa carga en mi corazón para no desalentar ni preocupar a mi marido, que en ese momento debía tener su corazón dispuesto sólo para ministrar.

Inmediatamente, dos de los pastores, visiblemente preocupados, me tomaron aparte y me dijeron: "Hermana Betty, tenemos que ser sinceros con usted. Esta cruzada se organizó con poco tiempo y al pastor Claudio no lo conoce casi nadie en el país... Tenemos temor de que no venga nadie. Todavía el estadio está vacío". ¡Me decían esto media hora antes del inicio!

En aquel momento tomé una decisión. De hecho, aprendí algo nuevo como esposa de pastor: guardé esa carga en mi corazón para no desalentar ni preocupar a mi marido, que en ese momento debía tener su corazón dispuesto sólo para ministrar. Aprendí que en los momentos previos a un servicio o una cruzada, el corazón de un siervo de Dios está especialmente sensible y puede ser afectado negativamente si uno le trae cargas y angustia. Sólo me acerqué a Claudio y le dije: "Siento que tenemos que orar y desatar las multitudes". Y, tal como lo habíamos hecho en la cruzada del estadio Vélez Sársfield, cuando sesenta y cinco mil personas colmaron ese lugar, nos tomamos de la mano y oramos de esta manera.

A los pocos minutos, los rostros de los pastores fueron cambiando de semblante. Se veían sonrientes. "Hermana, me dijeron, ¡las tribunas se están llenando!" Y al momento de iniciar la reunión, el estadio estaba colmado. ¡Cuarenta y cinco mil personas con hambre de Dios llenaban el estadio nacional "La Flor Blanca"!

Todavía hoy tengo esa imagen grabada en mi retina. Esa multitud recibiendo de Dios. Claudio, caminando por la pista de atletismo junto a las tribunas de ese estadio, orando por la gente. Extendiendo sus manos hacia ellos... Era como una lluvia de unción que iba cayendo. En pocos minutos todo el estadio estaba bajo la gloria. Era como un estruendo de muchas aguas. Los hermanos recibían el fuego de Dios y bendecían en voz alta. Algunos caían el suelo. Muchos reían con el gozo de Dios.

Era maravilloso. Había sanidades y liberaciones. ¡Era impresionante!

Recuerdo que en ese momento Claudio dijo: "¡Me parece que Dios quiere hacer algo en este lugar!" El pastor Pedro Ibarra, que nos había acompañado en este viaje, comenzó a reírse. Nos dijo en privado: "¿Te parece que Dios quiere hacer algo? ¡Si el estadio se está viniendo abajo!"

Pasaron las seis de la tarde y nadie se movía. Las siete, las ocho, ¡las nueve de la noche y la mayoría seguía allí! Pasadas la nueve, Claudio decidió dar por concluida la reunión.

Mientras íbamos saliendo del campo de juego, los hermanos nos observaban con sus manos tomadas del alambrado que separaba las tribunas de la cancha. Nadie se movía. Puedo ver ahora mismo esos ojos, esa hambre de Dios. Claudio se acercó hasta ellos y les obsequió unas revistas del ministerio. ¡No sabíamos qué más darles! Era tanta la búsqueda de Dios.

UN MENSAJE PARA LAS NACIONES

Estando en Alemania, en la ciudad de Stuttgart, predicando en un estadio para tres mil personas, Dios puso en mi corazón un mensaje que debía llevar como un estandarte al recorrer las naciones.

Me encontraba junto a mi esposo mientras él ministraba desde el púlpito. Era un momento de oración y adoración profunda. Yo observaba cómo Dios se estaba moviendo. Miraba esos rostros que parecían brillar bajo la unción de Dios y me gozaba.

En ese momento sentí en mi corazón pedirle al Señor una palabra. Le dije: "Señor, dame una palabra para tu pueblo". Y el Señor me habló muy claramente. Él me dijo: "Ésta es la palabra: ¡Basta de lamento! ¡Basta de lloro! ¡Basta de angustia! ¡Ha llegado el tiempo de la victoria!"

Como dice la Escritura:

> "El Espíritu de Jehová el Señor está sobre mí, porque me ungió Jehová; me ha enviado a predicar buenas nuevas a los abatidos, a vendar a los quebrantados de corazón, a publicar libertad a los cautivos, y a los presos apertura de la cárcel (...); a ordenar que a los afligidos de Sión se les dé gloria en lugar de ceniza, óleo de gozo en lugar de luto, manto de alegría en lugar del espíritu angustiado..."
>
> —*Is 61:1,3*

La unción de Dios, ese tremendo poder, esa autoridad, ha venido para pudrir los yugos que atan a muchos cristianos y pastores, en diferentes naciones del mundo. ¡Y para desatar en cada una de esas vidas el gozo y la victoria de Dios!

Éste es un nuevo tiempo. ¡Un tiempo de triunfo! El Señor desea cambiar tu lamento en baile. Todas las palabras que Dios te anunció se cumplirán en tu vida y aquellas cosas que durante años no has podido resolver, ¡el Señor las resolverá en este tiempo! ¡Porque su unción ha venido para llevarte al territorio de la victoria!

Dios te dice: "Prepárate, porque te voy a levantar

y te voy a bendecir. Voy a cumplir aquello que determiné para ti desde antes de la fundación del mundo".

Declara tú también: "¡Basta de lamento! ¡Basta de lloro! ¡Basta de angustia! ¡Ha llegado el tiempo de la victoria!"

LLAMADOS PARA UN TIEMPO COMO ÉSTE

La historia bíblica de Ester nos muestra cómo Dios cumplió su palabra en la vida de esta sensible mujer. A su tiempo, Dios la levantó como un poderoso instrumento en sus manos. Y así también lo hará contigo.

La unción de Dios, ese tremendo poder, esa autoridad, ha venido para pudrir los yugos que atan a muchos cristianos y pastores, en diferentes naciones del mundo.

Ester fue llamada por Dios para ocupar un lugar de protagonismo dentro del plan divino. Era apenas una jovencita judía que vivía en el exilio, una huérfana al cuidado de su tío Mardoqueo.

Esta dulce muchacha y su tío vivían solos en el extranjero, pero la presencia y la gracia de Dios estaban con ellos.

Muchas veces cuando Dios nos llama a realizar una tarea comenzamos a evaluar nuestra realidad y qué posibilidades tenemos de alcanzar tal o cual lugar. Sin embargo, Dios no mira lo externo. Ni la capacidad o los dones. Él mira sobre todo la actitud del corazón, nuestra disposición a agradarle.

Ester fue escogida por Dios para un tiempo especial. El Señor la sentó en el trono de Persia cuando un hombre malvado, llamado Amán, maquinaba el exterminio de todo el pueblo de Israel.

Vino entonces Mardoqueo hasta Ester y le recordó que Dios la había puesto en esa posición de autoridad para ser parte del plan divino en un tiempo como ése: "Entonces dijo Mardoqueo que respondiesen a Ester: No pienses que escaparás en la casa del rey más que cualquier otro judío. Porque si callas absolutamente en este tiempo, respiro y liberación vendrá de alguna otra parte para los judíos; mas tú y la casa de tu padre pereceréis. ¿Y quién sabe si para esta hora has llegado al reino?" (Est 4:13-14).

Ester tenía delante de sí un gran desafío. Nadie podía presentarse delante del rey sin ser llamado por él. Había pena de muerte para quien actuase de ese modo. La única esperanza era que el rey extendiese su cetro como símbolo de gracia y aceptase la visita.

Ester pidió oración al pueblo de Dios y con gran valentía decidió presentarse delante del rey e interceder por su pueblo. Su intervención fue crucial y los judíos fueron salvados del plan siniestro.

Quiero preguntarte: ¿No será que el Señor te llamó para esta hora? ¿No será que Dios mismo te puso en esa nación, en esa iglesia, para cumplir un llamado específico, para realizar una obra específica que Él quiere hacer a través de ti?

El Señor encontró en Ester un instrumento adecuado para realizar su obra. Ella fue despertada por la Palabra y con gran valor dijo: "Heme aquí, aunque me cueste la vida". Y el Señor quiere levantarte en esta hora como un gran protagonista dentro del plan divino. Quiere hacer grandes cosas a través de ti.

¡Él te ha llamado para un tiempo como éste! Te ha preparado, te ha colocado en un lugar desde el cuál ahora quiere usarte como nunca lo ha hecho antes.

Éste es el tiempo de levantarnos y conquistar la tierra prometida.

En nuestro caso, el Señor nos mostró las naciones. Hicimos grandes cruzadas y conferencias en países como Alemania, Hungría, Austria, Japón, Singapur, Malasia, Australia, Burkina Fasso, Perú, Costa Rica, España, México, etc. En 1995 estuvimos en Estados Unidos junto a una multitud en el estadio Orange Bowl de Miami. Y desde entonces visitamos esa nación muchas veces, para ministrar en congresos y cruzadas.

> *¡Él te ha llamado para un tiempo como éste! Te ha preparado, te ha colocado en un lugar desde el cuál ahora quiere usarte como nunca lo ha hecho antes.*

Dios nos levantó para un tiempo como éste y te llama a ti desde tu lugar para que hagas lo que Él tiene para tu vida.

Es hora de aceptar el desafío. Ester significa "estrella", nos habla de brillar, de resplandecer. De ser portadores del mensaje de salvación para un mundo perdido. De llevar el mensaje de esperanza a este mundo que agoniza.

El Señor no usó un ángel, ni nada sobrenatural. Utilizó la vida de una joven mujer que se puso en sus manos.

¡Haz tú lo mismo! Levántate como un protagonista en el reino de Dios. Escribe tu propio capítulo en la historia del avivamiento en tu nación.

¡Dios te ha llamado para un tiempo como éste!

Te invito a hacer esta oración:

> *"Amado Dios, yo proclamo en el nombre de Jesús que todos tus planes y promesas se cumplirán en mi vida. ¡Digo basta al lamento, al lloro y a la angustia! Y me levanto en tu victoria.*
>
> *Señor, proclamo que tú hoy me visitas, que tú vienes sobre mí con poder y se corta todo lo que me ataba. Declaro que todo lo que no pude resolver por años, tú lo resolverás en este tiempo.*
>
> *Recibo la unción del Espíritu Santo y me levanto para ser un protagonista en el reino de Dios. ¡Alumbra a través de mí! Te entrego toda mi vida y recibo el ministerio que tú me has dado para un tiempo como éste. En el nombre de Jesús, amén."*

UNA PALABRA DE DIOS PARA TU VIDA

"Al escribir estas líneas, vivo un hermoso presente con el Señor. Siempre creciendo, siempre aprendiendo cosas nuevas. ¡Siempre gustando su fidelidad! Y tengo una Palabra de Dios en mi corazón. Un mensaje directo para muchos corazones. Señor mío, ¡permite que fluya en estas páginas!"

10

En este tiempo Dios nos ha llevado a un ayuno de clamor por las almas no alcanzadas. Aunque ya comenzamos a ver el mover de Dios en la faz de la tierra, en muchas naciones nunca se había visto al Espíritu Santo manifestarse de esa manera.

Hay algo muy poderoso que el Señor quiere hacer a través de su Iglesia, y ya no podemos retenerlo más en cuatro paredes. El Señor dice: "Es tiempo de salir a las calles, de anunciar el Reino de Dios. Es tiempo de preparar el camino para el Señor y caminar en las mismas señales y milagros".

Jesucristo dijo: "De cierto, de cierto os digo: El que en mí cree, las obras que yo hago, él las hará también; y aun mayores hará, porque yo voy al Padre" (Jn 14:12). Y eso es lo que estamos anhelando, por eso decimos: "Señor, no nos conformamos con lo que hemos visto, con los milagros, con el fuego, con la liberación, queremos más".

Hay una nueva escala en el nivel de Dios, ríos más profundos, una gloria mayor, porque la Palabra dice que la gloria postrera será mayor que la primera (Hag 2:9).

No nos conformemos con lo que tenemos. Volvamos nuestro corazón al Señor con lloro y con lamento. Oro a Dios para que puedas sentir el dolor de una mujer de parto, como la que está a punto de dar a luz. Así es necesario que la Iglesia comience a sentir el proceso que lleva al alumbramiento.

Hay una nueva escala en el nivel de Dios, ríos más profundos, una gloria mayor...

Mientras estamos distraídos, nos estamos perdiendo algo: hay un clamor profundo en el corazón del Padre. Millones y millones de personas caen en un abismo constantemente, minuto tras minuto, momento tras momento, y el corazón de Dios no puede dejar de ver al Seol tragándose a la humanidad.

IGLESIA, ¡LEVÁNTATE!

Es tiempo de que el gigante despierte. Es tiempo de que la Iglesia de Jesucristo sea avivada con el fuego santo, con el poder del evangelio de Jesús, hasta dar a luz a miles de almas en un nuevo nacimiento de salvación.

El evangelio de la santidad, de las señales y de los milagros, el evangelio donde la Iglesia se pone de pie; ya no solamente los pastores, sino la Iglesia misma como protagonista de una era, porque el Espíritu se derramará sobre toda carne.

El Señor dijo que si nosotros no predicamos, las piedras se levantarán a anunciar que Cristo viene, y ha llegado el momento en el cual la noche está avanzada. El tiempo urge.

Debemos proclamar el fuego sobre nuestras naciones. Proclamar que hay algo que está irrumpiendo en nosotros, y es el poder del Dios Altísimo que nos levantará de una vida limitada y nos llevará a la dimensión de Dios, que no tiene límites.

Todo lo que Dios ha hecho contigo no es nada todavía, conforme a las obras que Él ya señaló para ti.

Es tiempo de ser como Dios, de obrar en el poder de su palabra.

Así como Dios me ha guardado para que su propósito y llamamiento sean cumplidos, el amor de Dios te ha guardado hasta este día. La mano poderosa de Dios estuvo sobre tu vida. Pero todo lo que Dios ha hecho contigo no es nada todavía, conforme a las obras que Él ya señaló para ti.

El Señor te dice:

"Tu tiempo es hoy, tu día es hoy, y yo hago cosa nueva en ti. Envío mi palabra dentro de ti. Yo haré un cambio en tu interior y pondré de mi Espíritu. Te llevaré a una nueva dimensión espiritual que todavía no has transitado, y todas las palabras proféticas que han sido dadas sobre tu vida empezarán a cumplirse una a una, tilde por tilde. Y verás la gloria de Dios rebalsando de tu corazón".

EL IRRUMPIR DEL ESPÍRITU

El Señor dice:

"Yo te levanto, ¡que nadie te pise, que nadie te ahogue, que nadie te menosprecie! No es tiempo de que mires tu límite, es tiempo de que levantes tus ojos y veas mi poder. Es tiempo de que levantes tus manos y comiences a caminar en una gracia ilimitada. Es el día en que el Espíritu Santo irrumpe en tu vida".

Permite al Espíritu de Dios irrumpir en tu vida, porque la potencia de Dios está dentro de ti. ¿Qué estás haciendo con lo que Dios te dio? ¿Qué estás haciendo con lo que Dios puso dentro de ti? ¿Qué estás haciendo con esa potencia que es dinamita? ¡Es dinamita! ¡Es autoridad que Dios te ha dado! ¡Es poder del cielo! ¡Déjala que fluya! ¡Déjala que irrumpa en tu vida! Entonces ya no serán tus palabras en el púlpito, sino que serán las palabras de nuestro Señor a través de tu boca.

Yo le pido al Espíritu Santo que levante, en todas las naciones, mujeres y hombres que en el poder de la oración causen que los velos se corran, que las vendas se caigan.

La unción es la única que pudrirá yugos. No te preocupes, porque la obra es del Espíritu Santo; solamente libera el poder de Dios que está dentro de ti. Solamente procura alimentar y escuchar la Palabra de Cristo cada día, solamente permitámosle al Pan de Vida hacerse cargo de nosotros.

Dile a Dios lo siguiente: "Señor, yo quiero ese espíritu de conquista, ese espíritu de autoridad, quiero ese espíritu de adoración. Señor, yo quiero fluir con los dones proféticos, llevar el consejo de Dios, la Palabra de Dios a cada corazón".

Procura alimentar y escuchar la Palabra de Cristo cada día, solamente permitámosle al Pan de Vida hacerse cargo de nosotros.

Pero antes es necesario que la luz de su Espíritu ilumine dentro de nuestro ser, y como en un espejo podamos mirarnos y decir:

"Ten piedad de mí, oh Dios, conforme a tu misericordia; conforme a la multitud de tus piedades borra mis rebeliones. Lávame, más y más de mi maldad, y límpiame de mi pecado. Porque yo conozco mis rebeliones, y mi pecado está siempre delante de mí. Contra ti, contra ti solo he pecado, y he hecho lo malo delante de tus ojos; para que seas reconocido justo en tu palabra, y tenido por puro en tu juicio. He aquí, en maldad he sido formado, y en pecado me concibió mi madre. He aquí, tu amas la verdad en lo íntimo, y en lo secreto me has hecho comprender sabiduría. Purifícame con hisopo, y seré limpio; lávame, y seré más blanco que la nieve. Hazme oír gozo y alegría, y se recrearán los huesos que has abatido. Esconde tu rostro de mis pecados, y borra todas mis maldades. Crea en mí, oh Dios, un corazón limpio, y renueva un espíritu recto dentro de mí. No me eches de delante de ti, y no quites de mí tu Santo Espíritu. Vuélveme el gozo de tu salvación, y espíritu noble me sustente. Entonces enseñaré a los transgresores tus caminos, y los pecadores se convertirán a ti. Líbrame de homicidios, oh Dios, Dios de mi salvación; cantará mi lengua tu justicia".

—*Sal 51:1-14*

PALABRAS PROFÉTICAS PARA TU VIDA

Mientras escribo este libro, el Señor me sigue dando palabras proféticas para ti. Él te dice:

"Lo que nunca has podido hacer por ti mismo, eso es lo que yo haré por ti. Aquellas obras que tú nunca has podido alcanzar son las que yo quiero obrar en tu vida. Aquellas cadenas que no has podido romper, los lazos que no has podido cortar, son los que yo arranco de tu vida hoy. Con el poder de la unción todo yugo se pudrirá; por el poder de mi Espíritu, ya no serán tus fuerzas, no será tu sabiduría".

Pídele al Señor un nuevo corazón sensible a su Palabra, un corazón que llore y gima por las almas perdidas. Un corazón que sienta lo que siente Jesucristo.

Ya no queda mucho tiempo. Lo que Él te ha mandado a hacer, ¡hazlo pronto! La Palabra que ha puesto en tu corazón ponla por obra. No hay mucho tiempo. ¡Apresura tus pies! ¡Apresura tus pasos! Corre a la gracia, corre a su trono y tómate del amor de Cristo.

Pídele al Señor un nuevo corazón sensible a su Palabra, un corazón que llore y gima por las almas perdidas.

Si tú le has estado pidiendo al Señor un corazón nuevo, Él te dice:

"Yo extiendo mi mano sobre tu corazón. Yo quiero poner mi mano en tus emociones, en lo íntimo de tu corazón, y pongo allí sanidad. Voy sobre tus pensamientos, para limpiarlos uno por uno. Cada una de las palabras que has guardado, cada una de las que has escondido muy profundamente en lo íntimo de tu corazón, yo las sanaré. Yo deseo sanarte en este día, yo aplico mi sangre sobre tu corazón, vengo con sanidad sobre ti. Te daré relaciones nuevas, una nueva comunión, derramo una nueva gracia sobre tu vida hoy: ¡Recíbela! Quito ese espíritu angustiado, saco la tristeza. Arranco el luto de tu corazón y traigo un manto de gozo sobre ti, un manto de alegría, donde hay delicias, donde hay amor infinito para tu vida. Yo te he vestido con mis vestidos, con mi justicia, te adorno con mis joyas, ¡Amada mía!, ¡paloma mía!, ¡amiga mía! Eres como diadema en mi mano. ¡Mi amor está sobre ti!"

Quiero que tú recibas ahora una fresca unción de amor. Siente cómo el cuerno de aceite se derrama sobre tu cabeza. El Espíritu Santo de Dios viene sobre tu vida para fluir y darte una nueva dimensión, un nuevo tiempo de Dios para tu casa, para tu iglesia.

El Espíritu Santo traerá a tu mente la imagen de aquellas personas a las que específicamente tendrás que pedirles perdón. Él ya te ha estado hablando a lo largo de estos capítulos de la necesidad de perdonar. Pero el Señor te dice:

"Hoy es el día en el que yo rompo definitivamente todo yugo de dolor, porque hay algo muy poderoso que haré en tu vida. Es necesario que quites la piedra para que fluya mi río. Mira que te mando que te extiendas a la diestra y a la siniestra, no seas escaso, alarga tus cuerdas, ensancha el sitio de tu tienda porque yo traigo hijos espirituales, muchos hijos espirituales".

Es tiempo de visitación, de arrepentimiento. Es tiempo de volvernos a Él y permitir que Él haga nuevas todas las cosas. La liberación que Dios te dará hoy hará que toda la atmósfera de tu casa sea diferente. Tus hijos serán llenos de la gloria de Dios y hablarán palabra del cielo, palabra de Dios. Profetizarán, la vida de Cristo será tan abundante y fuerte sobre ellos que el fuego vendrá aún más sobre tu vida.

En este tiempo el Señor desatará de su mano poderosa una ola de poder y avivamiento mucho mayor de la que ya hemos visto. La gloria del Señor vino sobre nosotros, nos visitó en un momento determinado y todas las cosas cambiaron, fueron transformadas. Porque cuando la unción de Dios desciende sobre un lugar, una vida, una casa, todo se transforma, todo tiene que cambiar. Hay cambios que deben producirse en tu vida.

Dios está uniendo las diferentes personas —instrumentos— en distintas naciones a través de un solo puente, algo nuevo y diferente que no tiene que ver con un solo ministerio. Algo nuevo, algo fresco y sorprendente. Hará algo que va más allá de los límites de la razón.

Por eso el Señor dice en su palabra: "He aquí que yo hago cosa nueva; pronto saldrá a luz: ¿no la conoceréis? Otra vez abriré camino en el desierto, y ríos en la soledad" (Is 43:18).

> *Dios está uniendo las diferentes personas —instrumentos— en distintas naciones a través de un solo puente, algo nuevo y diferente que no tiene que ver con un solo ministerio.*

Querido amigo, querido amiga: ¡recibe en este día un nuevo corazón!

La Palabra de Dios ha sido declarada y te invito a doblar tus rodillas para que en tus propias palabras, conforme a lo que Dios te habló, puedas derramar tu corazón delante de Él.

Ha sido para mí un privilegio compartir este libro contigo.

Recibe mi abrazo fraternal y todo mi amor en Cristo.

Sobre la autora

Betty Freidzon, es cofundadora de la Iglesia Rey de Reyes junto con su esposo Claudio, donde participa activamente en varias áreas del ministerio. Es madre de tres hijos: Daniela (23), Sebastián (22) y Ezequiel (17).

Fue presidenta del Consejo Misionero Femenino de la Ciudad de Buenos Aires (C.M.F.), el cual pertenece a las Asambleas de Dios. Durante muchos años, su trabajo de ministerio a líderes y esposas de pastores de la ciudad ha dado abundante fruto. Ha participado en la importante tarea de relacionar y unir ministerios. También ha enseñado en muchos institutos bíblicos de Buenos Aires.

Su dedicación y amor por el discipulado y el crecimiento espiritual de las mujeres fue lo que la impulsó a crear grupos de discipulado para mujeres, más tarde llamados "grupos de crecimiento de mujeres". Con el paso del tiempo, estos grupos crecieron y se multiplicaron, y así se formaron grupos separados para Mujeres, Hombres, Jóvenes, Adolescentes y Pre-adolescentes, hoy llamados grupos C.A.F.E. (Células de Adiestramiento Familiar y Evangelístico). Actualmente, la iglesia Rey de Reyes tiene alrededor de 15,000 miembros que asisten regularmente a estas células.

Esa misma visión fue la que llevó a Betty Freidzon a ser anfitriona del programa de televisión "Nueva Mujer", transmitido por las cadenas Daystar en EE.UU. y Enlace de Costa Rica y por todo el mundo a través de satélite. En Argentina se transmite por el canal 38, Telecenter.

Betty Freidzon también es una reconocida conferencista internacional que, junto con su esposo, viaja a diferentes lugares del mundo y Argentina dando charlas y conferencias sobre distintos temas. Su ministerio ha producido refrigerio y renovación espiritual en todos los lugares que ha visitado.

SI DESEA CONTACTARNOS O ENVIAR SU TESTIMONIO, HÁGALO A LA SIGUIENTE DIRECCIÓN:

Iglesia Rey de Reyes
Olazabal 2547
(1428) Capital Federal
Buenos Aires, Argentina
Email: Iglesia@reydereyes.sion.com
Tel. 54 11 4789 0047
www.claudiofreidzon.org